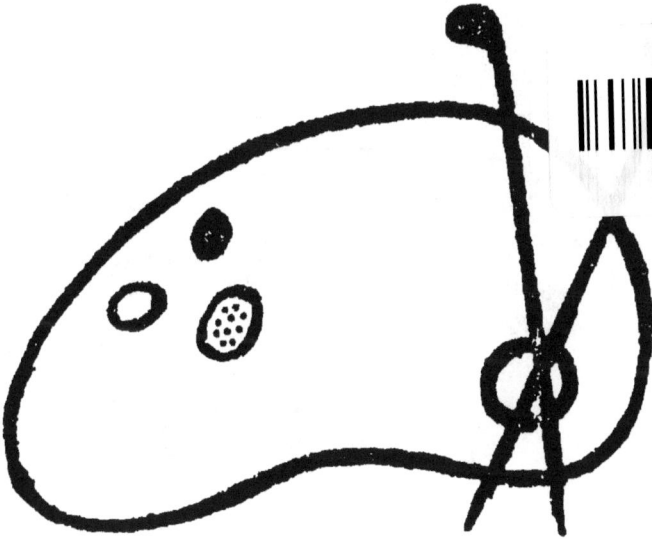

Original en couleur

NF Z 43-120-8

LE

JAPON

MOEURS.

COUTUMES. — DESCRIPTION. — GÉOGRAPHIE.

RAPPORTS AVEC LES EUROPÉENS

PAR

LE COLONEL D'ÉTAT-MAJOR

DU PIN

Ancien commandant de la contre-guérilla française au Mexique.

PARIS

ARTHUS BERTRAND, ÉDITEUR

LIBRAIRIE MARITIME ET SCIENTIFIQUE

Libraire de la Société de géographie et de la Société de sauvetage maritime

21, RUE HAUTEFEUILLE.

LE JAPON.

©

LE

JAPON

MOEURS.

COUTUMES. — DESCRIPTION. — GÉOGRAPHIE.

RAPPORTS AVEC LES EUROPÉENS

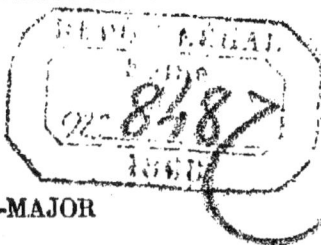

PAR

LE COLONEL D'ÉTAT-MAJOR

DU PIN

Ancien commandant de la contre-guérilla française au Mexique.

❦

PARIS

ARTHUS BERTRAND, ÉDITEUR

LIBRAIRIE MARITIME ET SCIENTIFIQUE

Libraire de la Société de géographie et de la Société de sauvetage maritime

21, RUE HAUTEFEUILLE.

PRÉFACE.

Quand un homme qui, comme moi, a passé toute sa vie à faire campagne, présente un premier ouvrage au public, il éprouve la même sensation que le conscrit entendant pour la première fois le sifflement des balles. Il craint qu'on ne retrouve trop, dans sa manière de faire, cette sorte de rudesse un peu brutale que nous autres militaires contractons dans notre métier, où nous obéissons sans jamais faire d'observations, et commandons sans permettre à nos subordonnés de discuter nos ordres. J'ose espérer que le public éclairé voudra bien me pardonner ces défauts, dont il est probable que je n'ai pas su mieux me corriger que certains de mes collègues, qui, comme moi, ont tenté de manier la plume.

J'avais écrit, en 1862, la relation qu'on va lire aussitôt que le corps expéditionnaire de Chine, dont je faisais partie, fut rentré en France. Encouragé

1

par l'opinion, peut-être un peu trop bienveillante, et les excellents conseils d'un de nos plus illustres écrivains et homme d'État, je m'étais presque décidé à publier ce travail, qui avait alors un intérêt tout spécial d'actualité. Mais la guerre du Mexique venait d'éclater; attaché au corps expéditionnaire, je dus suspendre momentanément une publication que je ne pouvais surveiller moi-même.

Rentré après avoir passé cinq ans au Mexique, où mon éloignement de la France et la mission toute spéciale qui m'avait été confiée ne me permettaient pas de me tenir au courant des affaires qui agitaient le monde, j'ai vu que la question japonaise avait pris un développement sérieux. J'ai vu, avec un certain étonnement, que, bien que sept ans se fussent écoulés depuis que j'avais quitté ce pays si intéressant à tous les points de vue, on était encore bien peu renseigné en Europe sur la constitution de son gouvernement, sur les mœurs et les aspirations de ses habitants.

On a publié sur le Japon plusieurs travaux d'un mérite réel, entre autres, en 1867, *Le Japon tel qu'il est*, par M. le comte de Montblanc, qui était déjà, en même temps que moi, à Hoko-hama, dans les premiers mois de 1861, et une relation faite par M. *Layrle*, capitaine de frégate, qui a paru en février 1868 dans la *Revue des Deux-Mondes*. Ces ouvrages, qui accusent des études consciencieuses et approfondies, laissent voir, par leurs divergences, qu'on en est encore presque réduit aux hypothèses en ce qui concerne les lois qui régissent la constitution de ce mystérieux empire.

Plus tard, sans doute quand des relations plus suivies et plus étendues nous auront permis de découvrir la vérité relativement à la constitution japonaise, il sera curieux de voir par combien d'hypothèses nous sommes passés avant d'arriver à la connaissance de la vérité.

Le travail que je publie en ce moment fera connaître ce que pensaient, en 1861, de cette constitution les Européens et les agents diplomatiques des diverses puissances étrangères. Tous, sans exception, se firent un plaisir de mettre à ma disposition les documents qu'ils avaient recueillis à ce sujet et de me communiquer leurs idées personnelles, que je ne fis que résumer et reproduire.

VOYAGE AU JAPON.

La campagne de Chine venait d'être terminée, nous étions obligés de stationner encore pendant quelque temps sur le territoire du Céleste Empire pour assurer l'exécution des traités. J'obtins l'autorisation de me rendre au Japon afin d'y étudier les mœurs du peuple qui l'habite, peuple avec lequel nous avions eu jusqu'alors si peu de relations, qu'on pouvait, à juste titre, traiter de notions vagues tout ce que l'on en disait.

Départ.

Le 11 janvier, je montais à bord du *Cadix*, petit bateau à vapeur à hélice de la compagnie péninsulaire orientale.

Compagnons de voyage.

Les passagers étaient presque tous des Anglais ou Amé-

ricains allant chercher fortune dans ce pays, ouvert depuis peu de temps aux commerçants. Un seul d'entre eux
était Français, M. Fauchery, qui, pendant la campagne
de Chine, avait été le correspondant du *Moniteur univer-
sel* et qui avait été momentanément attaché à mon service pour m'aider à faire de la photographie. M. Fauchery désirait depuis longtemps visiter cette terre du Japon, où il devait mourir quelques mois plus tard. C'était
un homme sûr, doué de qualités sérieuses, qu'avaient
mûries de bonne heure une vie aventureuse et de con-
stantes infortunes.

Traversée.

En sortant de la rivière de Sanghaï, nous trouvâmes
une mer très-forte, ce qui arrive souvent dans le détroit
qui sépare la Chine du Japon. Le *Cadix* n'était pas assez
chargé; de plus, son chargement était si mal réparti que
le navire donnait fortement de la bande à bâbord; le
vent, très-fort dès le début, soufflait du S. E., il devint
bientôt assez violent pour nous faire courir des dangers
graves. Le bateau se couchait sur le flanc gauche, la mer
affleurait le pont, que balayaient à tous moments des
vagues énormes. Presque tout le monde, y compris le capitaine du *Cadix* et sa jeune femme, était malade; au
moment du dîner, nous ne trouvâmes que deux passagers à table.

Arrivée à Nagazaki.

Dans la journée du 14, la mer tomba presque totalement; vers une heure du soir, nous aperçûmes la terre.
L'arrivée au Japon par Nagazaki, ville de l'île de Kiou-

siou, sur laquelle nous avions le cap, offre un des aspects les plus pittoresques. De très-loin en mer, on voit les terres montueuses et volcaniques de cette île; une quantité innombrable de pitons aigus, [de crêtes et d'arêtes abruptes se découpent hardiment sur l'horizon. Bientôt on arrive à l'entrée d'une baie profonde, à l'extrémité de laquelle se trouve Nagazaki. Les terres, dont on se rapproche rapidement, sont couvertes d'une végétation splendide; des arbres de toute nature, d'une foule d'essences, placés par groupes gracieusement disposés ou plantés au sommet des coteaux et des montagnes, poussent leurs rameaux vigoureux vers le ciel; le sol est émaillé de fleurs, couvert de riches cultures; au bord de la mer, sur la pente des collines, s'élèvent de nombreuses habitations, d'une architecture simple et élégante; tout y respire la propreté et le bien-être.

Passe.

En entrant dans la passe, on trouve à droite les îles d'Yvoo et de Sima, qu'on doit ranger de près sur leur rive nord, puis, gouvernant à l'est, la route se dirige entre les îles de Kaminosima et Kavena; l'îlot de Takabako reste à gauche; enfin on marche au nord demi-quart est et bientôt on aperçoit, à 2 milles, à l'avant, au nord, la ville de Nagazaki, couchée gracieusement au fond de la baie au pied des montagnes qui la dominent de leurs sommets verdoyants. On mouille enfin à 600 mètres de Désima, ancien établissement hollandais quand, seuls, parmi les peuples étrangers, ils avaient le privilége de trafiquer avec l'empire du Japon.

Batteries défendant la passe de Nagazaki.

La passe est défendue par cinq batteries. Trois sont dans l'île d'Yvoo, à droite; la première de 6 canons, la deuxième de 12, la troisième de 6. Deux autres batteries sont à gauche, dans l'île de Kaminosima. La première, qui compte 26 canons, est sur la pointe de Sirosima, sorte d'écueil; à l'extrémité S. O. de l'île, elle se subdivise en quatre fractions; chacune d'elles est assise sur des rochers s'avançant dans la mer. On a profité habilement du terrain pour disposer les pièces d'une façon convenable : deux canons, placés dans l'île de Kaminosima, prennent toutes les autres à revers. Enfin la deuxième et dernière batterie est à la pointe S. E. de l'île. On a fait, pour l'établir, une levée en terre, revêtue de maçonnerie à sa base, qui joint l'île à un récif peu éloigné ; elle a 6 canons.

Valeur de ces batteries.

L'ensemble de ces défenses présente en tout une soixantaine de canons en fonte, d'un gros calibre; chaque pièce est abritée par un petit hangar en forme de cabanon. Il suffirait de débarquer dans les îles de Kaminosima et d'Yvoo quelques centaines d'hommes sur le rivage opposé aux batteries, ils s'en empareraient facilement, vu qu'elles ne sont nullement défendues du côté de la terre; de plus, elles sont tellement dominées par le sol environnant, qu'on ne pourrait pas même tourner les pièces contre ceux qui les attaqueraient à revers. Celles qui sont à la pointe S. O. de Kaminosima pourraient-peut-être, seules, faire quelque mal aux assaillants venant du côté de la terre.

Arrivée dans le port de Nagazaki.

Aussitôt que nous eûmes jeté l'ancre, notre navire fut entouré d'une foule de sampans, bateaux japonais. Ces embarcations, d'une coupe élégante, à la proue effilée, sont manœuvrées par deux hommes, qui, avec leurs godilles, les font voler rapidement sur les eaux. Quelques embarcations, destinées aux autorités japonaises ou aux consuls étrangers, sont armées de quatre ou même de six godilles; elles sont très-grandes et ont à l'arrière des chambres dans lesquelles peuvent entrer plusieurs personnes; on y est assez confortablement.

M. Gaymans.

Je descendis avec M. Fauchery dans un sampan ; quelques instants après nous étions à Désima, et nous nous présentions chez M. Gaymans, négociant pour lequel nous avions des lettres de recommandation. Tout individu qui voudra aller au Japon fera bien de se munir de lettres de recommandation, sans cela il lui serait impossible de quitter, pour une journée seulement, son bateau, où le ramèneraient forcément les exigences de la vie matérielle; les hôtels sont inconnus dans ces contrées, on est forcé de recourir à l'hospitalité que vous offrent, du reste, très-largement, les consuls, les agents consulaires et les négociants. M. Gaymans, sujet suisse, est établi à Nagazaki à l'abri du pavillon français. L'Helvétie n'a pas de traité avec le Japon; ses citoyens ne peuvent ni résider ni commercer dans les ports ouverts seulement aux nations ayant un traité avec le gouvernement d'Yédo.

Désima.

Désima, située au S. E. de Nagazaki, dont elle est séparée par un canal sur lequel on a jeté un pont en pierre, a environ 300 mètres de long sur 150 mètres de large. C'est là que, pendant trois siècles, restèrent confinés les négociants hollandais. Aujourd'hui, les Américains, les Français, les Anglais, qui ont aussi obtenu l'autorisation de résider au Japon, se sont étendus en dehors des anciennes limites de Désima, et l'on voit les pavillons des diverses puissances flotter dans la campagne au-dessus des résidences consulaires placées au bord de la mer. Le pavillon hollandais déploie encore ses couleurs au-dessus de Désima, qu'il protégea seul pendant si long-temps.

Nagazaki.

Nagazaki doit contenir 50 à 60 000 habitants. Elle est construite en bois, les maisons y sont basses, rarement elles ont plus d'un étage. Les nombreux tremblements de terre se succédant à des époques très-rapprochées, les typhons violents qui ravagent ces contrées, ont nécessité ce genre de constructions. Le bois, par son élasticité, offre bien plus de résistance que la pierre aux commotions aériennes ou terrestres. Les rues, assez larges, sont bien pavées; les alignements sont généralement corrects; il règne partout une propreté, un ordre bien supérieurs à ce qu'on trouve en ce genre en Chine. La police est bien faite; on reconnaît en tous lieux sa présence utile et nullement oppressive.

Aspect du peuple japonais.

Le premier aspect du peuple japonais prévient en sa faveur, surtout quand on vient du Céleste Empire. Autant le Chinois a l'air lourd et abruti, autant le Japonais paraît vif, alerte et intelligent. J'aurai, par la suite, à parler plus longuement de ses mœurs, de ses coutumes, de sa race, de son caractère ; mais il est bon de se rappeler ses premières impressions, qui, pour les populations tout comme pour les individus, ont une grande influence sur les relations futures. Le peuple japonais paraît accueillir les étrangers avec une bienveillance si franche, si cordiale, qu'on se sent pris de suite d'une bonne et réelle sympathie en sa faveur. On ne trouve de la malveillance que chez les hommes qui tiennent au gouvernement et à la noblesse, on les reconnaît aux deux sabres qu'ils portent à la ceinture et aux regards farouches qu'ils lancent aux étrangers. On verra plus tard les causes qui ont amené une si grande différence dans l'accueil que nous font les deux castes japonaises.

Hôpital russe. — Influence de la Russie.

Au N. O. de la baie s'élève un vaste hôpital, construit par les Russes, dont l'influence paraît être très-grande dans ce pays. A notre arrivée, il y avait, dans le port, une frégate à vapeur et une canonnière appartenant à cette nation. La frégate, qui était de 60 canons, avait été construite à Bordeaux, le commandant s'en louait beaucoup. De nombreux vaisseaux de guerre russes naviguent constamment dans les eaux du Japon ou stationnent dans ses ports, pourtant leur commerce y est nul. Au commencement de **1861**, ils n'avaient pas un seul agent consulaire dans cet empire. On se demandait quel pouvait être le motif d'un aussi grand déploiement de forces maritimes.

Usine à vapeur. — *Marine du Japon*.

En face de Nagazaki, sur la côte ouest de la baie, les Japonais bâtissaient, au moment de notre arrivée, de vastes usines, pour la réparation et la construction de bateaux à vapeur. Ils faisaient venir à grands frais, d'Europe, ou établissaient, sur place, les machines nécessaires. Un officier japonais dirigeait cette entreprise avec les conseils des Hollandais. Le pays est très-riche en bois de construction, fer, cuivre, charbon de terre ; on y trouve tous les éléments nécessaires pour y créer et entretenir une puissante marine à vapeur. Le gouvernement paraissait décidé à marcher dans une voie qui devait le mettre, dans peu d'années, en mesure d'avoir une sérieuse influence dans les mers d'Orient. Avait-il simplement pour but de protéger ses côtes, ou rêvait-il quelque entreprise contre les Chinois ? Ne voulait-il pas prendre, lui aussi, sa part d'influence, peut-être même de territoire, chez ses voisins, dont il voyait les Européens prendre chaque jour quelque débris ? C'est ce que l'avenir décidera. Dans tous les cas, Nagazaki, avec sa magnifique baie, qui est un des plus beaux, des plus vastes, des plus sûrs ports du monde, et à 3 ou 4 lieues de laquelle se trouvent, à fleur de terre, des mines inépuisables de charbon de terre, a été admirablement choisie pour la création d'une marine à vapeur destinée, soit à protéger le littoral, soit à menacer le Céleste Empire, dont elle n'est séparée que par deux jours de navigation.

Industrie de Nagazaki. — Porcelaines.

La principale industrie de Nagazaki consiste dans la fabrication de porcelaines destinées à l'exportation. Les Anglais achètent une partie de ces produits ; ils ont eu l'idée d'y faire fabriquer des services à l'européenne, et, comme ils ont le goût peu artistique, ils ont donné des modèles lourds, disgracieux ; disons le mot, fort laids. Les Japonais les ont copiés, avec une grande exactitude, quant à la forme, puis les ont décorés de dessins, suivant le goût de leur pays. On est ainsi arrivé à faire, avec des matériaux excellents, des ouvriers habiles, des produits très-médiocres qui, sur place, coûtent plus cher que des porcelaines, bien autrement élégantes, qu'on fait en Europe. Quand donc comprendra-t-on qu'il faut laisser à chaque peuple son caractère original ? En faisant autrement, on lui enlève, presque toujours, ce qu'il a de bien, de remarquable ; on croit se l'assimiler, et on n'en fait qu'une chose grotesque. On trouve, heureusement encore, quelques porcelaines faites sur des modèles japonais ; celles-ci sont aussi élégantes que les autres sont disgracieuses , celles surtout qu'on nomme coquilles d'œuf sont d'une finesse, d'une transparence, d'une légèreté admirables, les dessins qui les couvrent sont d'un goût exquis et d'une originalité qui les rendent précieuses pour les véritables amis du beau.

Bronzes.

Des bronzes, d'une très-grande dimension, sont fabriqués dans cette ville ; leurs formes, essentiellement japonaises, sont élégantes et exécutées dans de grandes dimensions. Plusieurs de ces pièces, dont le poids dépasse souvent 150 kilogrammes, sont dignes, par leurs proportions, par la richesse, la hardiesse de leur ornementation, le fini du travail, d'être placées dans les palais des souverains.

Laques.

On fait beaucoup de laques, mais en cela, comme pour la porcelaine, on a abandonné les modèles du pays pour prendre le goût européen. En conséquence, on fabrique des tables de jeu, des toilettes, etc., et jusqu'à des violons recouverts de laque ; tous ces travaux, entrepris dans un but mercantile, sont exécutés sans goût, sans art, sans soins, sans conscience. Les objets de laque, de mauvaise qualité, n'ont pas de solidité ; les parties dorées, au lieu d'être faites en laque d'or, qu'on apprécie tant au Japon, sont simplement recouvertes d'une mince feuille d'or collée, que le moindre contact suffit pour écailler et détruire. On fait spécialement, à Nagazaki, des contrefaçons de ce qu'on appelle des laques burgotés. Les objets ainsi dénommés étaient autrefois faits avec des morceaux de nacre de perle qu'on sculptait, on les incrustait ensuite sur des boîtes ou autres objets, on recouvrait le tout d'un laque transparent et solide qui permettait aux morceaux de nacre de donner des reflets brillants et changeants, suivant le jeu de la lumière. Comme le commun des acheteurs veut, avant tout, le bon marché, les Japonais ont inventé une sorte de papier aux couleurs changeantes et brillantes qu'ils collent sur les objets à burgoter ; puis, passant une couche de vernis laqué, ils obtiennent des reflets ayant quelques rapports avec celui que donne la nacre de perles.

Il résulte de ce qui précède que, dans quelques années, on ne retrouvera plus, dans ce pays, ces admirables travaux d'un art consciencieux, patient et éclairé, qui a produit ces quelques objets de laque d'art antique, qui font, à juste titre, l'orgueil du connaisseur qui les possède.

Départ de Nagazaki.

Le 17, au matin, nous avions mis le cap sur Hoko-hama. Nous devions passer par la mer intérieure qui s'étend entre les trois grandes îles formant l'empire du Japon. On les nomme Nipon, Kiousiou, Sikock. Nous avions pris, à bord, trois pilotes japonais. Cette précaution était indispensable, peu de navires étant passés par la mer intérieure. La route habituellement suivie par les navigateurs allant de Hoko-hama à Yédo, est celle du détroit de Van Diémen. Les cartes du Japon, qu'on possédait, étaient tellement inexactes, surtout pour la mer intérieure, qu'on ne pouvait y ajouter foi.

Détroit d'Hirado.

Après avoir fait 45 milles sans jamais perdre la terre de vue, et en passant au milieu d'îles innombrables, aux formes les plus variées, nous arrivâmes, vers 2 heures du soir, à l'entrée d'un détroit qui sépare l'île d'Hirado de la grande île de Kiousiou. Il faut parfaitement connaître la route pour trouver l'entrée du canal. On n'en est plus qu'à quelques centaines de mètres, on a l'air de courir sur une côte haute et à pic, quand, tout d'un coup, cette entrée se présente aux yeux des navigateurs. L'intérieur du canal est parsemé d'écueils généralement apparents, laissant à peu près, entre eux, la place nécessaire pour le

passage d'un vaisseau. Le canal va d'abord du S. E. au
N. O., puis droit au nord, à sa sortie. Il a 2 milles de
long sur une largeur qui rarement dépasse 400 à
500 mètres. A droite se trouve d'abord un village de l'île
de Kiousiou, puis bientôt, à gauche, s'ouvre, dans l'île
d'Hirado, une petite baie, sur le bord de laquelle s'élève
le village le plus pittoresque, le plus coquet qu'il soit possible d'imaginer. Des mamelons couverts d'une splendide
végétation d'arbres aux formes aériennes et variées sont
parsemés à l'intérieur et tout autour du village. Ces mon-
ticules ont reçu, sur leurs flancs et sur leurs sommets, des
constructions parfaitement en harmonie avec leurs formes.
On dirait que la nature et l'art ont concouru pour rendre
ce séjour vraiment enchanteur.

Dans la baie se trouvaient beaucoup de jonques et
autres embarcations de toutes les grandeurs. Les jonques
japonaises, plus petites que celles des Chinois, ont des
formes plus élancées; leur construction, dans laquelle
n'entrent que le bois et le cuivre, est exécutée très-habi-
lement. On les manœuvre avec facilité. En face du village
d'Hirado, qui est sur la rive nord de la petite baie, se
trouve un mur dont le pied est baigné par la mer et qui
affecte la forme bastionnée. Il abrite des maisons placées
en arrière, est percé de nombreux créneaux dont successivement deux sont étroits, et le troisième beaucoup plus
large, sans cependant l'être assez pour recevoir de l'artillerie de gros calibre. Toutefois, dans la partie de ce mur
la plus rapprochée du village, j'aperçus six à sept portières
en bois qui pouvaient bien masquer de réelles embrasures. Bien que nous passassions fort près de ce mur, il
ne me fut pas possible de m'assurer s'il y avait du canon,
ce qui avait quelque importance, car quelques pièces
d'artillerie feraient le plus grand mal aux navires engagés

dans un défilé si resserré. La route qu'on est obligé de suivre passe à côté d'une roche sous-marine, qu'on laisse à 20 mètres, sur la gauche.

Mouillage.

A 6 heures du soir, après avoir fait 90 milles, nous mouillâmes, par 16 brasses de fond, dans une rade de l'île de Kiousiou, qu'on dit être très-sûre. Sur ses bords sont deux grands villages appelés Nocoya et Chotto-yama. Bientôt le *Cadix* fut entouré d'embarcations dans lesquelles étaient plusieurs femmes très-jolies. Malgré les supplications des Japonais qui étaient dans ces embarcations, le capitaine du *Cadix* ne voulut laisser venir à bord ni visiteurs ni visiteuses, les embarcations furent obligées de gagner le rivage avec toute leur cargaison.

Détroit de Simonosaki.

Le 18 janvier, après avoir fait 88 milles, nous mouillâmes dans le détroit de Simonosaki, qui sépare l'île de Kiousiou de celle de Nipon, la plus grande des trois îles formant l'empire du Japon. Ce détroit, qui a une dizaine de milles de long, offre, en petit, une représentation des Dardanelles et du Bosphore. On passe par un dédale inextricable et non interrompu de lacs, d'îles, qui rendent la navigation d'une difficulté extrême; il faut que les pilotes indigènes soient bien habiles, ceux que nous avions à bord n'hésitaient pas un seul instant. Les deux rives du détroit, les îles sont couvertes de villages, dont quelques-uns sont très-considérables. Simonosaki, que nous laissâmes sur notre gauche, est dans l'île de Nipon et appartient au prince de Nagato. Cette ville a plus de

2 kilomètres de développement, le long du rivage, qui est bordé de maisons. On y remarque un temple considérable dont les sculptures nous parurent fort belles. Je n'aperçus pas de batteries dans ce détroit. Il suffirait de quelques canons bien placés pour interdire l'entrée de la mer intérieure par cet étroit canal.

Mer intérieure.

Après avoir franchi le détroit on débouche dans la mer intérieure, qui, de ce côté, s'appelle mer de Savonada. A droite s'ouvre la détroit de Boungo, entre les îles de Kiousiou et de Sikock. On s'engage ensuite dans un archipel, où nous circulâmes pendant les journées des 19 et 20 janvier. La passe la plus remarquable est celle de Kaminosaki, entre Nipon et les îles de la mer intérieure. Les rivages, qu'on suit continuellement, sont bordés de villages considérables, au milieu desquels on voit circuler une nombreuse population. La mer est partout sillonnée d'une foule d'embarcations de pêcheurs, aux formes élancées ; on les manœuvre à la godille, et, quand il fait du vent, au moyen d'une ou de deux voiles carrées.

Inexactitude des cartes japonaises.

Les cartes que nous avions à bord étaient les seules qu'on eût encore dressées pour ces parages ; elles étaient, ainsi qu'on nous en avait prévenus, inexactes et incomplètes. Plus nous avancions dans la mer intérieure, plus nous étions convaincus de l'inexactitude de ces cartes, gravées à Londres. Depuis quelques jours nous avions reconnu des centaines d'îles et d'îlots dont quelques-

uns à peine étaient indiqués sur les cartes, et la position
de ces derniers était très-erronée. Quant aux rivages
des trois grandes îles, ils étaient si mal placés, que, quand
nous fîmes le point pour nous assurer du lieu exact où
nous étions mouillés, le 20 janvier, nous reconnûmes
que, si on devait s'en rapporter aux cartes, nous serions
à plusieurs milles dans l'intérieur des terres de Sikock,
dont les rives ont été tracées comme étant beaucoup trop
au nord. Je crois qu'il n'y a pas, dans tout l'univers, un
terrain aussi découpé que celui qui borde la mer intérieure. Heureusement pour les marins, les bords sont
partout accores, les écueils très-apparents; les navires du
plus fort tonnage peuvent toujours ranger la terre de très-
près. Nos pilotes, qui connaissaient parfaitement tous ces
parages, nous assuraient que nulle part on ne rencontrait
de roches sous-marines. Dans les détroits d'Hirado, de
Simonosaki et de Kaminosaki, les Japonais ont élevé des
colonnes sur les roches qui sont peu apparentes, afin
qu'on pût les reconnaître, quand, pendant les gros temps,
la vague passe par-dessus. La route que nous suivions
est très-avantageuse pour les bateaux à vapeur allant de
Nagazaki à Hoko-hama. Jusqu'à ce moment on avait
presque toujours passé par le détroit de Van Diémen;
en traversant la mer intérieure, la distance à parcourir
est moindre, les typhons, si communs sur les rivages du
Sud, se font à peine sentir dans l'espace compris entre
les trois îles, puis on navigue dans des passes si resser-
rées, que, même par les vents les plus violents, la mer
n'a pas l'espace nécessaire pour se faire; enfin on peut
presque toujours trouver un abri derrière une île ou dans
une des nombreuses criques qu'on rencontre à tous moments. Les navires à voiles, au contraire, feront mieux
de suivre l'ancienne route; dans la nouvelle, il faut si

souvent changer de direction, franchir les courants qui règnent dans les détroits, qu'on est exposé à perdre beaucoup de temps pour attendre les vents favorables.

Aspect général des terres.

Les terres, que nous longions depuis quatre jours sur un développement de 350 milles, offrent l'aspect de formations volcaniques. C'est un désordre, une confusion extraordinaires, des séries de pics aigus, de roches s'élevant çà et là, offrant les profils les plus bizarres. Un immense cataclysme a seul présidé à la formation de ces hautes montagnes, dont on voit au loin les arêtes hardies couvertes de neige et ayant plusieurs milliers de mètres d'élévation.

Séjour près de Siodo, descente à terre.

Le 21 décembre, une fuite assez forte se déclara dans une de nos chaudières ; elle exigeait une réparation qui prendrait vingt-quatre heures. Nous étions mouillés auprès de Siodo-sima, l'île de Siodo (*sima*, en japonais, veut dire île). Afin de mettre à profit notre repos forcé, nous descendîmes à terre et parcourûmes la campagne. Nous remarquâmes que les maisons des paysans étaient tenues avec un soin, une propreté remarquables. Le plancher, exhaussé de 1 pied ou 2 au-dessus du sol, était recouvert de nattes d'une grande blancheur ; tout, dans ces habitations, respirait l'aisance et le bien-être. La population paraissait d'abord étonnée à notre approche, quelques femmes se cachaient ; mais bientôt la curiosité prit le dessus, femmes, enfants, hommes sortaient en foule de leurs maisons pour nous voir passer.

Le sol de l'île est granitique, très-montueux, il y a
peu de terre végétale; on a exécuté des travaux considérables pour rendre fertiles quelques parcelles de ce sol
ingrat. Je pus faire là plusieurs remarques qui seront
reproduites quand je parlerai de l'agriculture japonaise.

Embarcations indigènes autour du Cadix.

Rentrés à bord, pour le second déjeuner, qui avait
lieu à midi, nous trouvâmes le *Cadix* entouré d'embarcations chargées à couler bas, d'hommes, de femmes, atti-
rés par la curiosité. Tous demandaient avec instance à
visiter notre bateau; il était impossible de les satisfaire
tous, en même temps le pont aurait été totalement en-
combré. On les faisait monter par petits groupes qui se
succédaient. Les hommes seuls étaient admis; les femmes,
dont plusieurs étaient jeunes et très-jolies, cherchaient
par tous les moyens à satisfaire leur ardente curiosité :
elles découvraient leurs bras potelés, leurs épaules arron-
dies, laissant parfois entr'ouvrir les larges robes qui les
enveloppaient; leurs bouches, garnies d'une double ran-
gée de dents d'une blancheur éblouissante, semblaient,
dans un langage qui nous était alors inconnu, nous faire
de séduisantes promesses. Si le commandant du *Cadix*
avait été garçon, peut-être aurait-il cédé aux désirs de
ces jolies visiteuses, et bientôt leurs petits pieds auraient
foulé le pont du navire; mais sa femme était à bord, et
on sait combien les Anglaises poussent loin l'apparence
des convenances; aussi nos belles voisines en furent pour
leurs frais, rien ne put faire lever la cruelle consigne qui
les retenait dans leurs bateaux. Les hommes, admis à
bord, nous forçaient à accepter des tasses en porcelaine
et d'autres objets très-bien travaillés. Des oranges micro-

scopiques, lancées par les pauvres filles d'Ève que nous repoussions loin de nous avec tant de barbarie, pleuvaient de tous côtés sur le pont. Nous leur jetions, en échange, des boutons, des petites pièces de monnaie. Ces cadeaux réciproques entretenaient une gaîté folle parmi ces jeunes filles, qui acceptaient ce que nous leur avions envoyé avec les plus vives démonstrations de reconnaissance. Elles plaçaient de suite boutons dorés, petites monnaies dans leur noire et belle chevelure.

Ville de Siodo.

Vers deux heures du soir, deux canots partaient du *Cadix* pour nous amener à la ville de Siodo, capitale de l'île. Aussitôt que nous eûmes touché terre, nous fûmes entourés par une nombreuse population qui nous accueillait avec une bienveillante curiosité. Nous visitâmes d'abord un très-beau temple, construit en bois sculpté et parfaitement tenu. Les prêtres qui le desservaient nous en firent gracieusement les honneurs. Tout à coup arriva un yakounine (officier de police) qui nous défendit d'aller plus loin. Nous parcourûmes alors la ville qu'il nous fallait traverser pour aller rejoindre nos bateaux ; nous étions suivis par une foule si considérable de curieux, que ceux de nous qui étaient restés en arrière avaient la plus grande peine à se frayer un passage pour regagner le groupe des Européens. Les indigènes nous entouraient, ne pouvaient se lasser de nous regarder, touchaient nos habits, en examinaient avec soin l'étoffe, les boutons. Nous leur donnions des cigares qu'ils acceptaient avec de grandes démonstrations de joie ; puis, courant à leurs maisons, ils en rapportaient quelque petit objet qu'ils nous mettaient dans la main, comme gage d'amitié et de souvenir. Il y avait une vingtaine de minutes que nous nous promenions ainsi, quand nous vîmes accourir un officier d'un rang élevé, précédé et suivi d'hommes portant sa lance et ses armes. Le peuple se rangeait sur son passage avec les plus grandes marques de respect ; un silence absolu régnait, maintenant, au milieu de cette foule si joyeuse naguère. En passant à côté de nous, il nous lança un regard de haine et de mépris, puis nous dépassa en hâtant vivement le pas. Peu de temps après, il arrivait chez un de ses collègues dont le château se trouvait dans la rue que nous parcourions, et qui vint, en habits de grande cérémonie, jusqu'à sa porte, pour recevoir le visiteur. Après de nombreuses et profondes salutations, ils s'assirent l'un à côté de l'autre, et leur conversation parut très-animée. Ces grands seigneurs nous firent, sans doute, l'honneur de s'entretenir de nous, car, bientôt après, ayant regagné nos embarcations, nous rencontrâmes un troisième bateau venant du bord avec des passagers qu'on ne laissa pas descendre à terre. Les deux personnages aux regards farouches avaient déjà donné leurs ordres. Il faut bien l'avouer, nous étions en contravention ; d'après les traités, les étrangers ne peuvent se montrer qu'à Nagazaki, Hoko-hama et Hakodadi, qui est dans l'île d'Iesso, dépendance du Japon. A notre arrivée à Hoko-hama, nous sûmes que le gouvernement avait adressé de justes réclamations aux ministres étrangers, au sujet de notre petite escapade.

Fiogo.

Le 22, nos réparations étant terminées, nous reprîmes notre course. A midi, nous passâmes devant une ville de l'île de Nipon, appelée Fiogo. Elle a un vaste port rempli de nombreuses jonques. C'est un des points de commerce de la mer intérieure.

Ozaka.

A deux heures du soir, nous étions en face d'Ozaka, très-grande ville dans laquelle on aperçoit un palais ayant des pavillons fort élevés. D'après ce que nous dirent nos pilotes, ce palais est une des résidences d'été du Mikado, empereur spirituel qui habite à Kioto ou Miako. Des môles très-étendus, entre lesquels il y a plusieurs passages, s'avancent au loin dans la mer, abritant une quantité considérable de jonques, dont on ne voit que les mâtures ; d'autres jonques et des flottilles de bateaux de toutes les dimensions sillonnent partout les eaux, ce qui donne à penser qu'il y a un grand commerce dans cette localité. Ozaka peut être considérée comme étant le port de Miako, ville renfermant des fabriques de toute nature, qui est située un peu plus en avant dans les terres, auprès du lac d'Oumi. Ce lac communique avec la mer, au moyen d'une large rivière navigable, dont l'embouchure est à Ozaka. D'après les traités, cette dernière ville devait être ouverte aux étrangers en 1862.

Bien que nous fussions passés assez près de terre pour distinguer, à la simple vue, la taille et le costume des habitants, il ne nous fut pas possible de nous assurer s'il y avait des fortifications ou des batteries ; nous ne vîmes ni canons ni embrasures sur ces môles, qui paraissent, au premier aspect, avoir été établis bien plus dans la prévision d'une attaque que pour protéger des embarcations contre la mer. Nous n'avions eu jamais moins de 7 à 8 mètres d'eau, pourtant nous nous étions beaucoup rapprochés de la terre, qui là, par exception, est très-basse et paraît avoir été formée des alluvions amenées par le grand cours d'eau venant du lac d'Oumi.

Arrivée à Hoko-hama.

En quittant Ozaka, nous mîmes le cap au sud. Le *Cadix* s'engagea dans le détroit qui sépare Nipon d'Awadzi, la plus considérable de toutes les îles de la mer intérieure. Nous ne mouillâmes plus pendant la nuit, ainsi que cela avait été indispensable depuis notre départ de Nagazaki, à cause des difficultés de la route. Le 23, au matin, nous étions dans le Pacifique.

Le 24, vers deux heures du soir, après avoir laissé, à notre droite, le volcan en ignition de l'île Vriés et passé au pied de la splendide et gigantesque montagne du Fuzi-hama, qui s'élevait à notre gauche dans l'île de Nipon, et dont le sommet a près de 4,000 mètres, nous arrivâmes à Hoko-hama, but de notre voyage.

Assassinat de M. Heusken.

La colonie européenne et américaine était en grand émoi. M. Heusken, Hollandais, interprète et premier secrétaire de la légation américaine, avait été assassiné le 15 janvier, à 9 heures du soir, dans les rues d'Yédo, au milieu de huit yacounines chargés de l'escorter et de le protéger. Ces officiers n'avaient rien fait pour le défendre ou pour arrêter les meurtriers. M. Heusken, abandonné tout sanglant au milieu de la rue, avait expiré vers minuit, après avoir été assisté, dans ses derniers moments, par le révérend père Girard, des Missions étrangères, qui se trouvait alors à Yédo, chez le chargé d'affaires de France.

Enterrement de M. Heusken.

L'enterrement devait avoir lieu le 18. Le gouvernement
japonais fit prévenir les représentants des cinq puissances
qui avaient, à Yédo, des ministres ou des consuls, qu'ils
seraient infailliblement assassinés, s'ils allaient à la cérémonie. Après une semblable déclaration, qui était un
défi ou un moyen d'intimidation, les cinq représentants
déclarèrent, à l'unanimité, qu'ils accompagneraient
M. Heusken à sa dernière demeure. Ces agents diplomatiques étaient :

Pour la France, M. Duchesne de Bellecourt ;
— l'Angleterre, M. Rhuterford Alcock ;
— la Prusse, M. le comte d'Eulembourg ;
— la Hollande, M. de Wit ;
— les États-Unis, M. Harris.

On organisa une garde au moyen de soldats anglais,
hollandais et prussiens, qu'on tira des navires sur rade,
et on alla au cimetière. Près de la tombe préparée, on
trouva le chef des bonzes d'Yédo avec de nombreux religieux ; il semblait être venu pour présider à la cérémonie.
On se contenta de l'isoler de la tombe, au moyen d'un ri-
deau de soldats. On constatait ainsi qu'il n'avait aucune
action sur ce qui allait se passer. Les prières d'usage
furent dites par le père Girard. Bien que le gouvernement
n'eût pris aucune mesure pour prévenir ou réprimer la
tentative dont il avait menacé, cette tentative n'eut pas
lieu ; sans doute à cause du déploiement de forces qu'on
avait fait à l'occasion de cette cérémonie funèbre.

Pavillons européens amenés à Yédo.

Les cinq représentants se réunirent après la cérémonie. Ils décidèrent, à la majorité de quatre voix contre une, qu'on amènerait les pavillons à Yédo et qu'on se retirerait de suite à Kanagawa ou à Hoko-hama. M. Harris, ministre des États-Unis, le plus intéressé de tous dans cette affaire, persista seul à rester à Yédo, disant : que M. Heusken, bien qu'il fût attaché à sa légation, n'était pas Américain et que son gouvernement n'avait rien à faire dans cette circonstance, l'attentat n'ayant pas été commis sur un citoyen des États-Unis. Le représentant de la Prusse, au contraire, qui, depuis plusieurs mois, faisait des démarches auprès du gouvernement d'Yédo pour obtenir un traité de commerce non encore signé, ne voulut pas se séparer de ses collègues, malgré l'insistance que mirent ces derniers à le prier de se considérer comme étant hors cause, et cela dans la crainte de lui voir perdre le fruit de ses travaux.

L'opinion générale de tous les étrangers, quelle que fût leur nationalité, apprécia la noble conduite du comte d'Eulembourg, comme elle stigmatisa la conduite égoïste du ministre américain.

L'entente la plus franche ne cessa pas de régner entre les quatre représentants européens, qui se retirèrent à Hoko-hama, ainsi qu'on en était convenu. Pendant les derniers jours passés à Yédo et lors de son séjour à Hoko-hama, la demeure de M. Duchesne de Bellecourt, consul général de France, chargé d'affaires, fut protégée par des gardes prussiennes et anglaises. Notre représentant fut forcé d'accepter ces marques de sympathie, vu l'absence totale de forces françaises dans les eaux du Japon.

But de la démarche des agents diplomatiques.

La retraite simultanée, à Hoko-hama, des représentants des nations européennes n'avait pas pour but d'amener la guerre avec le Japon ; on voulait, par cette protestation, prouver qu'on ne trouvait ni suffisante, ni efficace la protection que le gouvernement d'Yédo prétendait étendre sur tous les membres des légations résidant à Yédo. On cherchait, de plus, à faire punir les assassins, enfin à obtenir une réparation suffisante et des garanties pour l'avenir.

Difficulté qu'on trouve à savoir quelque chose d'exact sur le Japon.

Je crois indispensable, afin de faire mieux comprendre ce que j'aurai à dire plus tard, de donner un aperçu des constitutions qui régissent le Japon et de décrire une partie des mœurs, coutumes, aspirations de ses habitants. Bien que quelques puissances européennes aient, depuis un certain temps, des agents diplomatiques dans ce pays, l'exposé que je vais faire, d'après des renseignements puisés dans toutes les légations, n'a peut-être pas tout le degré d'exactitude que j'aurais voulu lui donner. Le gouvernement cherche à nous dérober, par tous les moyens, les rouages qui le font agir. Ce n'est que par des études profondes, par une observation persévérante, que quelques diplomates sont parvenus à soulever un coin du voile dont s'entoure ce mystérieux empire et à se faire une idée rationnelle de ce qui se passe dans le pays.

Daïmios.

Le Japon est sous la domination d'un certain nombre de seigneurs ou princes qu'on nomme *daïmios*. Parmi eux il y en a plusieurs qui sont indépendants, exerçant le droit de haute et basse justice dans leurs domaines. Ils ont leurs troupes particulières, comme au moyen âge les nobles et hauts barons avaient leurs hommes d'armes. Ils forment, à eux tous, la grande assemblée d'où découlent tous les pouvoirs. Chacun d'eux a son palais à Yédo, où il est obligé de résider chaque année pendant un temps déterminé. Quand ils viennent, de leurs terres, dans la capitale, ils amènent avec eux de nombreuses escortes de guerriers. Pour quelques-uns ces escortes sont de **10 000** hommes, qui sont logés dans leurs palais, vastes enceintes patriciennes où ils exercent, sur leurs sujets qui les ont suivis, les mêmes droits dont ils jouissaient dans leurs terres.

Taïcoun.

La grande assemblée des daïmios élit le taïcoun, que nous appelons vulgairement l'empereur temporel, mais qui n'est réellement que le chef du pouvoir exécutif, chargé de faire exécuter les décisions prises dans la grande assemblée des daïmios. Le taïcoun est nommé à vie, il ne peut être choisi que dans les trois familles de Kiousiou, Owari et Mito. Le taïcoun actuel était de la famille de Kiousiou. Cette limite de trois familles, dans lesquelles seules on peut élire le taïcoun, a l'avantage de restreindre les ambitions et d'empêcher l'arrivée au pouvoir suprême de certains membres de l'oligarchie japo-

naise, qui, tels que les princes de Sotsouma, Kaga, etc.,
ont assez de sujets, dit-on, pour lever sur leurs terres
des armées de **60 et 80 000** combattants, et qui étouffe-
raient bientôt sous leur puissance personnelle celle de
tous les autres daïmios, ou du moins amèneraient des
troubles sanglants et des guerres civiles. C'est donc avec
juste raison que la position de taïcoun ne peut être don-
née indistinctement à tout daïmio.

Gorogio.

Le taïcoun réside à Yédo, il y est assisté par un conseil formé par les ministres choisis parmi les daïmios. Ce
grand conseil s'appelle Gorogio.

Mikado.

Au-dessus du taïcoun et des daïmios est un personnage appelé mikado, qui réside à Kioto ou Miako, et est
héréditaire. C'est lui qu'on a jusqu'à présent appelé empereur spirituel, dénomination totalement impropre, en
ce sens qu'elle semblerait indiquer qu'il exerce des fonctions analogues à celles du pape, tandis qu'en réalité il
ne s'occupe nullement de questions religieuses. Son pouvoir n'a aucune initiative, il se borne uniquement à ap-
prouver ou désapprouver les décisions de l'assemblée des
daïmios, qui ne sont exécutoires que quand elles ont
reçu sa haute sanction. Toutefois, quand il annule, par
son *veto*, pour me servir d'une expression qui nous est
familière, soit l'élection d'un taïcoun, soit toute autre
mesure générale, il n'a le droit ni de désigner le candidat
qui lui conviendrait le mieux, ni d'indiquer la mesure
générale qu'il croit la meilleure ; on recommence pure-

ment et simplement l'élection ou la délibération jusqu'à
ce qu'elle soit approuvée. Le mikado ne peut pas quitter
sa résidence habituelle, où il a de splendides palais et
où il passe sa vie dans les délices. Il n'a pas le droit de
quitter cette prison dorée, si ce n'est pour aller dans
quelques palais ou maisons de plaisance peu éloignés,
dont un est, dit-on, ainsi qu'on l'a vu, dans la ville
d'Ozaka. Le taïcoun, pas plus que lui, n'a le droit de
quitter son palais d'Yédo, si ce n'est peut-être pour
aller dans ses domaines, dont il reste toujours souverain
comme daïmio (1).

Yacounines.

Les daïmios, ainsi qu'on le voit, forment la classe de
la grande noblesse. Au-dessous d'eux, et sous leurs ordres

(1) D'après l'ouvrage publié en 1867, par M. le comte de Montblanc (*Le Japon tel qu'il est*), l'organisation politique dont je viens
de donner une idée et qu'on croyait, en 1861, comprendre tout
l'empire du Japon, ne concernerait que les États du prince de
Kwanto, que nous avons improprement appelé taïcoun et auquel
nous avions attribué une action générale sur tout le Japon. Il est
probable que l'opinion émise en 1867 par M. le comte de Montblanc est plus rapprochée de la vérité que celle que nous avions
en 1862: toutefois, elle laisse encore des doutes sur les droits souverains du taïcoun, qui se trouveraient singulièrement restreints,
s'ils ne s'exerçaient uniquement que sur les provinces formant sa
principauté particulière. Dans cette hypothèse, il serait l'égal et
rien de plus des dix-neuf princes indépendants et souverains appelés *kokoushis* ou *taïhious* et même des *taouzamas*, ces petits
princes qui ont sur les habitants de leurs microscopiques proprié-
tés les mêmes droits que les dix-neuf souverains principaux.
En admettant que l'organisation politique, dont M. le comte de
Montblanc nous donne l'exposé, fût réellement celle qui régit le
Japon, on ne pourrait guère s'expliquer comment il se fait que

directs, sont des nobles de la classe moyenne appelés yacounines, qui remplissent auprès d'eux les fonctions d'officiers. Le taïcoun a à sa disposition un grand nombre
de yacounines pour faire exécuter les mesures d'ordre
et de police; ces derniers forment, à eux seuls, toutes les
forces que l'État lui ait confiées. Le Japon n'a pas d'armée
nationale sous les ordres directs du taïcoun, qui ne possède, comme daïmio, que les troupes provenant de ses
domaines particuliers. L'oligarchie indépendante et jalouse de ce pays craindrait sans doute, si on lui confiait
le commandement d'une troupe considérable, qu'il n'en
abusât pour asservir ses collègues.

Lounines.

On nomme lounines des nobles déclassés, très-turbu-
lents, qui, en grand nombre, servent comme volontaires

chacun des princes souverains possède un palais à Yédo, où il vient,
chaque année, résider pendant quelque temps. (J'ai vu, à Yédo, les
palais des princes de Satsouma, de Kaga, de Nagato, etc.; j'ai ren-
contré plusieurs de ces princes marchant, avec leurs escortes, dans
la capitale du taïcoun.) Comment s'expliquerait-on encore qu'après
le combat qui eut lieu dans le détroit de Simonosaki, entre les
batteries japonaises et notre flotte commandée par l'amiral Jaurès,
le taïcoun, voulant donner une juste satisfaction à la France, ait
fait détruire le palais que possédait à Yédo, le prince de Nagato,
sur le territoire duquel étaient établies les batteries qui avaient
combattu contre nous ? Il n'est guère probable que le taïcoun eût
pris une mesure si rigoureuse, qui pouvait amener une coalition
de tous les princes souverains, s'il n'avait pas eu le droit d'agir
ainsi.

Quoi qu'il en soit, on ne saurait trop encourager les recherches
des hommes intelligents et consciencieux, comme M. le comte de
Montblanc; c'est l'unique moyen d'arriver à la connaissance exacte
de ce qui existe réellement.

auprès des daïmios. Ceux-ci les emploient souvent comme bravos, et, à leur tour, les couvrent de leur haute protection quand, par leurs méfaits, ils se sont mis dans quelque fâcheuse position. C'est la classe la plus indisciplinée qu'il y ait au Japon. C'est par eux qu'ont été commis les meurtres et autres attentats dont les Européens ont été les victimes. Le gouvernement les désavoue, il est vrai, mais répond uniformément aux justes réclamations des chefs des légations : qu'il n'a pas la moindre action sur eux, parce qu'ils sont sous la dépendance de tel ou tel daïmio, et que les lois du pays ne permettent pas au taïcoun lui-même de faire arrêter et punir le serviteur d'un daïmio, si ce dernier n'en prend pas l'initiative. Or, comme les Européens ne peuvent, dans aucun cas, traiter une affaire directement avec un daïmio, on doit prendre ce qui précède pour une fin de non-recevoir.

Noblesse.

Les daïmios, yacounines, lounines forment le corps de la noblesse, dont les membres seuls ont la prérogative de porter deux sabres à la ceinture; c'est un droit auquel ils tiennent essentiellement. La noblesse, qui est assez nombreuse, vit de certaines redevances que le peuple paye aux daïmios; ces derniers répartissent cet impôt entre tous les gens qui sont à leur service.

Armoiries.

Tout noble japonais a des armoiries qui sont reproduites sur ses habits, ses palais, ses meubles, et généralement sur tous les objets destinés à son usage ou à celui de sa famille. Les nobles au service d'un daïmio portent simultanément, sur leurs vêtements, leurs armoiries et celles de leurs maîtres. Ainsi, tous les employés du gouvernement, y compris les ministres, joignent à leurs armoiries celles de la famille de Kiousiou, à laquelle appartient le taïcoun actuel.

Lois sévères de l'étiquette.

La constitution du Japon ne ressemble à aucune de celles qui sont en usage chez les nations européennes. Elle paraît, à première vue, offrir bien peu de stabilité, et laisser aux daïmios, ces petits princes souverains, une puissance, une indépendance devant à tous moments amener des conflits et même la guerre civile. Mais heureusement, dans ce pays, on a le saint respect de la loi, puis toutes les hautes positions ont été entourées d'honneurs si grands, que les personnages auxquels on les rend sont devenus de vrais esclaves, et que leur initiative personnelle, leur valeur individuelle sont en quelque sorte annihilées par les devoirs que leur impose la grandeur apparente de leur position. Le taïcoun, par exemple, auquel est confié le pouvoir exécutif, est entouré de ministres pris parmi les daïmios de puissance moyenne, qui, bien qu'aussi nobles que lui, ne peuvent lui parler qu'à genoux. Quant à lui, il ne doit sortir de son palais que dans des circonstances déterminées; alors il a une escorte nombreuse, réglée d'avance par les lois de l'étiquette. Il en résulte qu'il ne peut agir qu'en souverain dans les limites de la loi. Il ne lui est pas possible de se créer des amis, des partisans, au moyen desquels il attenterait peut-être à la liberté de son pays et aspirerait à la tyrannie. Chaque daïmio, de son côté, est astreint à une règle d'étiquette analogue ; il ne peut paraître hors de l'enceinte de son palais sans une escorte en rapport avec sa position. Ces escortes sont tellement nombreuses, que, quand un grand seigneur voyage, va de ses terres à Yédo, par exemple, on fait annoncer d'avance les jours où il passera dans chaque localité, afin d'éviter que son escorte ne se rencontre en route avec celle de quelque autre seigneur, ce qui pourrait amener des conflits armés, car les daïmios ont souvent des haines profondes les uns contre les autres ; à la moindre contestation de préséance, au premier regard provocateur, les sabres sortiraient du fourreau. Pour couper court aux intrigues, qui amèneraient des coalitions, troubleraient l'ordre public et renverseraient le gouvernement, les daïmios se sont imposé la loi de ne jamais se voir entre eux sans une permission spéciale du taïcoun. Ainsi deux princes souverains, dont les domaines sont contigus, qui peuvent s'apercevoir de leurs châteaux, sont obligés, pour causer de l'affaire la plus minime, de demander la permission au taïcoun ; ils sont astreints à la même formalité quand ils résident à Yédo, où leurs palais sont peut-être dans la même rue.

Gotaïro, surveillants officiels.

L'institution suivante donne une grande stabilité et un puissant moyen d'action au gouvernement. Chaque fonctionnaire, y compris ceux du rang le plus élevé, gouverneur de ville, de province, le taïcoun lui-même, ne peut agir officiellement, en quoi que ce soit, sans avoir auprès de lui son surveillant ou espion officiel. Ce dernier, dans la séance où se traite une affaire, prend ses notes et les envoie à l'autorité supérieure ; il lui est, du reste, interdit de faire la moindre observation. Ses droits, ses devoirs se bornent à voir, entendre et rendre compte. Le surveillant du taïcoun se nomme le gotaïro; il envoie les notes au mikado. Cette coutume a fait croire pendant longtemps qu'au Japon tous les emplois étaient remplis simultanément par deux personnes, tandis qu'en réalité il y a toujours le véritable employé qui est inséparable de son surveillant.

Race japonaise.

La race japonaise n'a aucun rapport avec les races tartares ou chinoises. Le teint, très-brun, sé rapproche de celui des Espagnols. La barbe, très-noire et abondante, pousse dès la jeunesse. Le Chinois a le teint jaune ou verdâtre, suivant qu'il est des provinces du Sud ou de celles du Nord; il a la barbe rare et elle ne pousse que dans l'âge avancé. Le Japonais rase complétement sa barbe; quant à sa chevelure, qui est très-fournie, il en rase la partie conservée par le Chinois, qui en forme cette longue queue, à laquelle il attache un si grand prix; il conserve, au contraire, la partie que rase son voisin; ces cheveux, devenant fort longs, sont ramenés avec soin et attachés au sommet du crâne.

Chez les femmes comme chez les hommes, la chevelure est l'objet de soins minutieux et tout spéciaux. Les élégantes passent chaque jour plusieurs heures à établir l'édifice de leur coiffure, qu'elles entrelardent de longues aiguilles en argent, or et écaille, de bandelettes d'argent, d'or et de fleurs, qu'elles soutiennent au moyen de peignes en laque rouge et en laque d'or. Comme elles n'ont pas toujours la richesse de végétation capillaire suffisante pour satisfaire aux exigences de la mode, elles savent très-bien, ainsi que nos coquettes parisiennes, remplacer, par des emprunts, ce que leur refuse la nature. En somme, leur coiffure est très-élégante, et deux petites mèches, qu'elles portent relevées au haut du front, comme le croissant de Diane, sont du plus charmant effet.

Hommes.

Les hommes, quoique leur taille soit généralement peu élevée, sont robustes, alertes, actifs, intelligents, leurs mouvements sont vifs; on remarque chez eux une propreté presque minutieuse.

Femmes.

Les femmes sont remarquablement jolies; chez plusieurs, on retrouve ces couleurs roses et blanches qui distinguent les races européennes. Les yeux noirs, souvent très-grands, ont une vivacité et une douceur voluptueuse très-remarquables; la peau est fine et douce; les pieds, les mains sont d'une petitesse, d'une élégance à faire envie à nos dames de la haute aristocratie. L'expression de leur physionomie, toujours intelligente, souvent mutine, rappelle la grisette parisienne. La richesse, la fermeté de leurs formes, que laisse soupçonner un costume simple, très-propre, porté avec une coquette nonchalance, complètent le portrait de ces petites Japonaises, à la figure souriante, à la démarche pleine de souplesse, qu'on peut nommer avec raison les houris de l'extrême Orient.

Caractère des Japonais.

Le peu de relations intimes qu'il nous est permis d'avoir avec les Japonais ne nous donnent pas de grandes facilités pour former notre opinion sur leur caractère. Toutefois, jusqu'à ce jour, nous avons trouvé un peuple fier, un peu ombrageux, plein de sentiments nobles et élevés, ayant, à un très-haut degré, la conscience de sa valeur. Comme il y a deux classes bien distinctes dans cette nation, la noblesse et le peuple, il est nécessaire de faire ressortir les différences essentielles que nous trouvons dans nos relations avec chacune d'elles.

Relations avec la noblesse.

La noblesse, d'après la constitution aristocratique du gouvernement, occupe tous les emplois ; elle a, dans ses rangs, des hommes intelligents et instruits ; ils ont très-bien compris que les races européennes apportent avec elles des instincts de liberté, d'égalité, devant s'infiltrer, tôt ou tard, dans les populations soumises à leur pouvoir, qui, dès lors, ébranlé dans ses fondements, finira par être détruit. Ils savent aussi quels fruits amers a produits pour leur pays la première apparition des Européens.

Apparition des Portugais au Japon.

Il y a trois cent vingt ans, en 1542, le Portugais Fernando Mindes Pinto abordait, le premier de tous les Européens, sur les rivages de l'île de Kiousiou, qui forme la partie méridionale du Japon.

Saint François-Xavier.

Sept ans après, François-Xavier arrivait dans ce pays, à la tête de ses missionnaires de la compagnie de Jésus ;

accueillis par un peuple bon, généreux, chevaleresque, que François-Xavier nomme *les Français de l'extrême Orient*, les Européens furent l'objet des sympathies de toutes les classes; admis comme des frères, des amis, presque admirés parce qu'ils apportaient avec eux les germes d'une civilisation plus avancée, les préceptes d'une religion plus pure, qui, dans les premiers temps, fit des milliers de prosélytes. Négociants et missionnaires trouvèrent là, de la part de tous, indistinctement, les facilités nécessaires pour s'établir dans ce pays nouveau.

Les Portugais contractèrent des alliances avec les filles des riches indigènes convertis à la foi catholique; ils furent admis dans les meilleures familles et eurent bientôt une influence sérieuse.

Successeur de François-Xavier.

François-Xavier avait, en 1551, quitté le Japon et, en 1552, mourait à Macao. Les missionnaires qu'il avait laissés dans sa nouvelle terre conquise à la foi continuèrent son œuvre. Ces hommes intelligents, instruits, versés pour la plupart dans l'art de la médecine, au courant des progrès des sciences du vieux monde, soignaient les malades avec dévouement, éclairaient, développaient l'intelligence d'un peuple qui a une intelligence toute spéciale pour apprendre et exécuter ce que nos arts ont produit de plus merveilleux, de plus utile. Leur influence fut immense sur des gens qui les considéraient comme des bienfaiteurs.

Autres ordres religieux.

De tous côtés étaient accourus des missionnaires nou-

veaux : dominicains, franciscains, etc., etc. Animés
bien plus du désir de conquérir de l'influence pour leur
ordre que de propager la religion du Christ, ils se firent
entre eux une guerre acharnée et cherchèrent surtout à
détruire l'influence déjà acquise par leurs prédécesseurs,
les jésuites, qu'ils traitèrent presque d'idolâtres, parce
que ces hommes, éminemment intelligents, avaient compris que, pour mieux s'emparer de la confiance d'un
peuple, il ne faut pas, tout d'un coup, briser ses anciennes habitudes, mais bien les faire servir au plus grand
avantage du nouvel ordre des choses. Ainsi, opérant au
Japon, comme les premiers apôtres, sortis de la Judée,
opéraient au milieu des populations païennes ou barbares,
dans lesquelles ils répandirent si rapidement les germes
d'une religion qui a conquis le vieil empire romain, les
jésuites toléraient l'exercice de certaines pratiques qui ne
compromettaient en rien les dogmes fondamentaux et
dont les dernières traces se seraient bientôt confondues
avec les pratiques plus orthodoxes de la nouvelle religion
qu'il fallait, avant tout, faire adopter par les masses.
Ainsi que cela eut lieu dans le Céleste Empire, les populations, à peine converties, assistèrent à des discussions
scandaleuses, dans lesquelles elles virent des hommes qui
prétendaient enseigner une religion vraie, éternelle, infail-
lible se traiter réciproquement d'imposteurs. Les Portugais, profitant, de leur côté, des priviléges dont on les avait
comblés à leur arrivée, exerçaient des exactions inouïes
sur les Japonais avec lesquels ils étaient en relations de
commerce. Le mécontentement allait grandissant chez
ce peuple qui avait si bien accueilli les Européens.

Hollandais. — Anglais.

Les Hollandais étaient venus, à leur tour, au Japon en 1609, les Anglais en 1612 ; mais ces derniers, ayant fait de mauvaises spéculations, se retirèrent bientôt.

Persécutions contre les catholiques.

Les princes des divers États japonais, qui avaient d'abord toléré et même favorisé le développement du christianisme dans leurs États, avaient enfin compris que la religion du Christ est bien moins une religion qu'une secte politique, dont les théories, très-séduisantes pour les basses classes auxquelles elle révèle les droits de l'homme, auraient pour effet de renverser tout le système politique du Japon, système essentiellement oligarchique et féodal. Leurs intérêts, gravement menacés par les progrès rapides du christianisme, les tinrent en éveil.

En 1585, trois princes souverains, qui s'étaient convertis au christianisme, envoyèrent trois membres de leur famille auprès du pape Grégoire XIII. Quelle était leur missive ? Le taïco-sama, qui avait concentré le pouvoir politique dans ses mains, dut penser que ces ambassadeurs, envoyés auprès du chef de la nouvelle secte politique, avaient pour mission de préparer une révolution sociale dont profiteraient les princes nouvellement convertis. En 1587, il défendit à ses sujets l'exercice de la nouvelle religion politique. Avait-il tort ? Il y a des mesures rigoureuses que sont obligés de prendre souvent les gouvernements qui veulent conserver leur autorité. Que feraient nos gouvernements européens, si un beau jour il nous arrivait, de la Chine ou du Japon, des nuées de missionnaires qui, sous un prétexte religieux, viendraient infiltrer, dans nos masses populaires, des théories politiques ayant pour but la destruction de notre état social? Ils seraient probablement plus sévères que ne le fut le taïco-sama, qui se borna à une prohibition sans appliquer d'abord des mesures fort rigoureuses, car ce prince accueillit très-bien, en 1596, Pierre Martinez, évêque du Japon, et l'autorisa à résider dans l'empire.

Au mois de juillet 1596, un gallion espagnol, ayant échoué sur les côtes du Japon, fut confisqué au profit du gouvernement; le patron, voulant faire craindre aux indigènes la vengeance de son souverain, leur énuméra les nombreuses conquêtes que l'Espagne avait faites dans les diverses parties du monde. Un des ministres du taico-sama lui demanda comment le roi d'un pays aussi petit que l'Espagne avait pu soumettre tant de nations en Afrique, en Asie et en Amérique.

Le patron du navire répondit :

« Par les armes et par la religion. Nos prêtres nous « préparent les voies, ils convertissent les nations au « christianisme, ensuite ce n'est plus qu'un jeu pour « nous de les soumettre à notre autorité. » (*Annales de la Propagation de la foi.*)

Le patron espagnol avait dit la vérité. Le gouvernement japonais comprit toute la puissance de cette action religieuse et politique, la persécution devint sérieuse dans quelques États dont les souverains, ne s'étant pas convertis au christianisme, cherchaient à défendre leur autorité contre leurs collègues nouvellement convertis, qui, tôt ou tard, profiteraient de l'appui des puissances européennes pour confisquer l'autorité à leur profit. Leurs prévisions furent sur le point de se réaliser quelques années plus tard.

Conspiration des Portugais et des catholiques japonais.

Une conspiration, ayant des ramifications très-étendues, avait été ourdie entre les Portugais et les indigènes convertis au catholicisme. Il ne s'agissait de rien moins que de s'emparer de la personne de l'empereur régnant, de proclamer sa déchéance et de se défaire de tous les hommes considérables qui pourraient s'opposer à ce mouvement. En 1637, des lettres compromettantes, dans lesquelles était développé le plan de la conspiration, furent trouvées sur un vaisseau portugais capturé par les Hollandais pendant qu'il allait du Japon à Lisbonne.

Expulsion des Portugais.

Les Hollandais, qui ne professaient pas la religion catholique, devaient être exclus du pays. Ils communiquèrent ces lettres à l'empereur, qui ordonna l'expulsion immédiate des Portugais, des femmes indigènes qu'ils avaient épousées et des enfants provenant de ces unions. Par cette mesure sévère, mais nécessaire, on ne conservait pas même la trace d'une race qui, après avoir été comblée de bienfaits, avait montré tant d'ingratitude. Les chrétiens japonais furent forcés d'abjurer sous peine de mort; des récompenses furent promises à ceux qui dénonceraient des prêtres ou des chrétiens n'ayant pas obtempéré aux ordres donnés. Des résistances armées eurent lieu, elles furent vaincues; les révoltés furent mis à mort : des torrents de sang inondèrent ce pays, si tranquille auparavant. Il fut interdit à tout Japonais de sortir de

son pays; ceux même que la tempête avait jetés sur
les plages étrangères étaient (et sont encore) punis de
mort s'ils rentraient au Japon. Ces prescriptions rigoureuses sont depuis lors devenues des maximes d'État et
ont été maintenues jusqu'à nos jours.

Hollandais tolérés.

Seuls parmi les étrangers, les Hollandais qui avaient
fait connaître la conspiration furent tolérés, mais à quel
prix? Obligés de quitter le bel établissement qu'ils avaient
créé dans l'île d'Hirado, ils furent relégués dans l'îlot de
Désima, près de Nagazaki. Cette ville était reliée à Désima
par un pont sur lequel était en permanence une garde
japonaise chargée de leur interdire l'accès de la ville. Ils
devaient aller tous les ans offrir des cadeaux à l'empereur ; de plus, ils s'engageaient à tenir au courant des in-
ventions de l'Europe les Japonais, qui avaient compris
notre supériorité et apprécié ce qu'il y a de beau dans
notre civilisation. On les força à renoncer à toute tentative
de propagande religieuse, car les Japonais, ne se rendant
pas bien compte des différences qui existent entre les diverses sectes, divisant entre eux les adorateurs du Christ,
avaient confondu dans les mêmes prohibitions les catholiques et les protestants, bien que les premiers eussent
pris seuls part à la conspiration contre l'État. On a même
dit que les Hollandais ne pouvaient entrer au Japon qu'a-
près avoir renié le nom de chrétien.

Les Américains veulent renouer les relations avec le Japon.

Les choses en restèrent là jusqu'à ce que les Améri-

cains, après les développements qu'avaient reçus leurs
établissements de la Californie, eussent conçu l'idée d'obtenir, dans les îles du Japon, des stations de relâche pour
les navires allant des côtes occidentales de l'Amérique à
Shanghaï et autres parties du littoral de Chine. Jusqu'alors
ils n'avaient pu ravitailler leurs vaisseaux, pendant une
traversée de 6 500 milles, qu'aux îles Sandwich, placées
à 2 000 milles des côtes d'Amérique ; il restait donc
4 500 milles à parcourir, sans avoir un point de refuge.
Les marins que les tempêtes jetaient sur le littoral du Japon y étaient retenus dans une captivité perpétuelle.
Cette loi barbare était une conséquence forcée du système
d'isolement complet dans lequel s'était placé cet empire,
après les scènes de désolation qu'y avait amenées la première apparition des étrangers.

Le commodore Perry au Japon.

Le 24 novembre 1852, le commodore Perry quittait le
port de Norfolk avec le *Mississipi*, bateau à vapeur sur
lequel il avait arboré son pavillon de commandement ; il
précédait une escadre de 12 navires de diverses grandeurs
qui devaient le rejoindre dans des stations déterminées
d'avance. Le commodore, après avoir doublé le cap de
Bonne-Espérance, touché à Shanghaï, vu les archipels de
Liou-kiéou et Benin, situés au sud et au sud-est du Japon,
se porta, en 1853, dans la baie de Simoda, qui se trouve
au sud de la magnifique baie d'Yédo, dont elle fait partie. Il entama des négociations avec le gouverneur de la
ville d'Ouraga, qui était voisine de son mouillage.

Américains admis au Japon.

Je n'entrerai pas dans le détail des négociations qui eurent lieu alors et dont il a été rendu compte dans plusieurs publications. Il suffit de dire que, par son attitude ferme et par la crainte qu'inspiraient les forces mises à sa disposition, le commodore obtint à Kana-gawa, le 31 mars 1854, la signature d'un traité d'après lequel les Américains avaient accès sur quelques points de l'empire.

Anglais, Français, Russes, Prussiens admis au Japon.

Les Hollandais participèrent à cette faveur, qui fut successivement accordée, en 1858, aux Anglais, aux Français, aux Russes, et tout dernièrement aux Prussiens. Les divers traités conclus avec ces nations donnent quelques facilités au commerce, mais interdisent, de la façon la plus formelle, toute tentative de propagation de la religion chrétienne.

Répulsion de la noblesse pour les étrangers.

Le gouvernement japonais ne céda, en 1854, aux exigences du commodore Perry que parce qu'il ne se croyait pas en mesure de repousser les Américains par la force. Les succès déjà obtenus, à cette époque, par les flottes européennes, en Chine lui faisaient comprendre la supériorité de notre organisation maritime et militaire. Il céda donc à regret, mais avec la ferme résolution d'apporter toutes les restrictions possibles dans l'exécution des traités qu'il subissait.

Pour toutes les raisons qui précèdent, la noblesse a une répulsion instinctive et parfaitement motivée pour les étrangers. Elle attend, sans doute, l'époque où l'empire sera assez bien organisé, au double point de vue militaire et maritime, pour expulser de nouveau de son territoire ces hommes qu'elle considère comme étant une menace perpétuelle pour son autorité, sans compter aussi les craintes qu'elle doit avoir pour son indépendance nationale, craintes que les derniers succès des armées alliées, en Chine, lui font naturellement concevoir.

Relations des étrangers avec le peuple.

Le peuple, au contraire, nous accueille partout avec une gracieuse et charmante bonhomie. Il voit, en nous, des hommes qui lui apportent beaucoup d'argent contre lequel il échange ses produits, ce qui augmente son bien-être. Peut-être aussi son instinct lui dit-il qu'avec nous marchent des principes qui modifieront, un jour, sa position sociale. Sera-t-il plus heureux, j'en doute, car tout individu qui a visité le Japon, qui a voulu seulement ouvrir les yeux, a pu se convaincre que nulle part, dans l'univers entier, il n'existe un peuple aussi heureux. Partout, dans les campagnes, on voit des champs mieux cultivés que nos jardins d'agrément; les maisons des paysans sont couvertes de chaume, mais tenues avec une propreté parfaite, elles renferment tout ce qui est nécessaire pour bien vivre : partout des hommes à la figure énergique et honnête, robustes et pleins de santé; des femmes mises avec une élégance modeste, qui n'exclut pas la coquetterie naturelle et nécessaire à ce sexe ; des enfants joyeux et bruyants, ainsi que le comporte leur âge. Dans les villes, les villages, une foule compacte circule dans les rues, au-

tour des boutiques ; des ouvriers travaillent avec une
activité qui fait plaisir à voir. Nulle part on ne rencontre
de mendiants, de ces créatures au teint hâve, à la mine
famélique, cadavéreuse, qui sont partout sur notre chemin en Chine, et qui affligent aussi bien souvent, par leur
hideux aspect, la joie de nos brillantes capitales de l'Europe.

Police.

L'autorité est très-respectée par les indigènes ; le peuple
obéit avec facilité, sans paraître même s'en apercevoir,
aux yacounines qui, de leur côté, ont l'air d'exercer très-
doucement leurs fonctions. Pendant les quatre mois que
j'ai passés dans ce pays, je n'ai pas vu un seul d'entre
eux faire semblant d'user de force ou d'autorité. Le peuple
s'écarte sur le moindre signe d'une badine qu'ils ont ordi-
nairement à la main. Presque toujours on obtempère en
souriant à leurs injonctions.

Costume des hommes.

Le costume des hommes se compose d'un pantalon
serré au mollet, d'une ou de plusieurs casaques, le tout en
toile de coton bleue pour le peuple, en étoffe de soie d'un
gris bleuâtre pour les nobles. Ces derniers portent, ainsi
que je l'ai déjà dit, leurs armes sur leurs casaques ; les
ouvriers ont aussi, sur ce vêtement, des insignes indiquant
le métier qu'ils exercent ou la corporation à laquelle ils
appartiennent. Le pantalon que portent les nobles est
très-large, aux couleurs voyantes, court et laissant à découvert une partie du mollet. Quand ils sont en cérémonie, le bas de la jambe et le pied sont complétement nus.

Quand la saison est rigoureuse, ils portent des bas faits en étoffe de coton et séparant le gros orteil des quatre autres doigts, ce qui est nécessaire pour attacher la chaussure, qui n'est autre chose qu'une sandale plate sur laquelle le pied est maintenu par un cordon blanc passant entre le gros doigt et les autres, puis formant un anneau au bas de la jambe.

Costume des femmes.

Le costume des femmes se compose de plusieurs robes de chambre, fendues de haut en bas par devant, et serrées autour de la taille par une large ceinture qui vient faire un gros nœud au bas des reins. Chez les élégantes, la robe de chambre qui est immédiatement sur le corps est rouge, les autres sont de couleurs plus ou moins claires ; celle qui est par-dessus est en soie grise ou bleue. Les femmes du peuple ont leur robe en toile de coton bleue. Toutes ont bien soin, en arrangeant leurs robes successives, de laisser passer, autour du cou, des lisières de chacune d'elles, de façon qu'on puisse voir le nombre de vêtements qu'elles portent. Les manches larges et courtes laissent à découvert une partie des bras, qu'on retire en dedans quand il fait froid, et qu'on replie sur la poitrine, de façon que les manches restent alors ballantes le long du corps.

Femmes mariées, dents noircies, sourcils rasés.

Ce peuple a des dents d'une blancheur éblouissante et très-bien faites, ce qui tient au soin que tous les individus ont de leur bouche, et aussi au genre de la nourriture, qui se compose presque exclusivement de riz, légumes et

4

poissons secs. La viande n'entre presque jamais dans l'alimentation. Par une bizarrerie inexplicable, la femme mariée rase ses sourcils et teint ses dents en noir avec une substance qui leur donne l'aspect de morceaux de laque. Rien n'est disgracieux comme cette coutume, et l'on a de la peine à reconnaître la jeune fille le lendemain de son mariage. Ses yeux, la veille si vifs quand ils étaient surmontés de leurs noirs sourcils, paraissent hébétés et à fleur de tête ; cette jolie bouche, qui, dans son gracieux sourire, laissait voir deux rangées de perles, n'est plus qu'un trou informe dont l'œil ne peut pas sonder la profondeur. On croirait que cette coutume a été inventée par un mari jaloux.

Coiffure.

Hommes et femmes vont généralement tête nue ; les nobles, seuls, en cérémonie, les soldats sous les armes, ont la tête couverte d'une coiffure toute spéciale pour les nobles et variant de forme selon leur rang, d'un chapeau évasé, en forme de parasol, se terminant en pointe pour les militaires. Le chapeau des officiers a $0^m,60$ de diamètre ; celui des simples soldats, $0^m,30$. Les chapeaux sont faits en lanières de bambou tressées ; quand il pleut, on les remplace par d'autres chapeaux en cuir bouilli, très-bien verni.

Langue japonaise.

Quant on vient du Céleste Empire, on est frappé de la différence essentielle qui existe entre les langues chinoise et japonaise. La première exige, pour être prononcée, des contractions, des contorsions de mâchoire, de gosier, de narines qui produisent des sons sourds, nasillards, désagréables et difficiles à saisir pour nos oreilles européennes. Le Japonais, au contraire, a une prononciation claire, nette, sonore; on croirait presque entendre de l'espagnol. Les mots finissent presque tous par des voyelles. On arrive facilement, en quelques jours, à savoir les mots indispensables pour se faire comprendre.

Écritures.

L'étude sérieuse de la langue offre pourtant des difficultés sérieuses que ne sont pas encore parvenus à franchir les étrangers. Cela tient principalement à ce qu'il y a, au Japon, trois écritures en usage.

Écriture chinoise.

Le Japon, quand il reçut de la Chine les premières notions de civilisation, lui emprunta son écriture, qui s'est conservée jusqu'à ce jour et qui est encore employée dans certaines circonstances. Tout le monde sait que l'écriture chinoise est hiéroglyphique, et qu'elle comporte un grand nombre de caractères dont chacun représente un objet, une qualité, etc. Ces signes, appliqués au japonais, représentent bien les mêmes objets ; seulement, quand on veut les lire en japonais, les sons sont complétement différents de ceux du chinois. Tous ceux qui savent lire le chinois peuvent donc comprendre le sens des écrits japonais quand on s'est servi des caractères chinois, sans savoir, pour cela, un seul mot de la langue japonaise. Du reste, les sinologues peuvent lire un écrit chinois en français, anglais, et dans quelque idiome que cela soit, parce que les caractères hiéroglyphiques ne représentent pas un son, mais bien un objet.

Firo-gana.

Les dépêches du gouvernement, et généralement tous les actes officiels, sont écrits en firo-gana, écriture essentiellement japonaise et à l'usage exclusif des classes élevées ; aucun des Européens ou Américains que j'ai vus pendant mon voyage ne savait la lire.

Kata-gana.

Le kata-gana est une troisième écriture phonétique se composant d'une quarantaine de caractères : quelques étrangers la connaissent ; elle n'est employée que par le peuple et par les femmes.

Relations écrites entre les gouvernements étrangers et le gouvernement japonais.

Les Hollandais ayant longtemps habité le Japon, quelques indigènes savent parler et écrire leur langue. Chaque légation étrangère a été, par suite, forcée de prendre à son service un interprète hollandais, qui, sachant aussi l'anglais, le français, selon la position qu'il occupe, peut s'entendre avec l'interprète japonais sachant, de son côté, le hollandais. Quand les communications ont lieu par écrit, la légation française, par exemple, fait sa dépêche en français, et y joint une traduction en hollandais ; de son côté, le gouvernement d'Yédo donne sa dépêche en firo-gana, et y joint la traduction en hollandais.

Il s'est engagé à donner, dans quelque temps, ses dépêches en français, en anglais, selon la nation à laquelle il aura affaire. Quant à nous, nous ne nous sommes engagés à rien d'analogue, et nous avons bien fait, car, de longtemps probablement, aucun de nos compatriotes ne sera en état de parler correctement le japonais, et surtout de l'écrire en firo-gana, ce qui paraît offrir de grandes difficultés.

Écriture musicale.

Les Japonais ont, comme nous, une méthode pour noter la musique ; elle n'a aucun rapport avec la nôtre. Leurs cahiers de musique ressemblent à ces modèles de calligraphie que font nos professeurs d'écriture, dans lesquels des arabesques très-compliquées et faites à main levée prouvent l'habileté de leurs doigts dans le maniement de la plume. J'ai vu de toutes jeunes filles déchiffrer très-couramment ces hiéroglyphes musicaux du Japon, ce qui indiquerait qu'ils ne sont pas plus difficiles que nos partitions.

Hoko-hama.

Hoko-hama, où j'étais arrivé le 24 janvier, est la résidence des étrangers. On leur avait d'abord assigné Kanagawa, qui est en face, sur le bord opposé d'une petite anse de l'immense baie d'Yédo. Ils furent bientôt obligés de quitter cette localité ; les eaux étant très-basses dans la partie de la baie qui borde le rivage, les opérations de débarquement et d'embarquement des marchandises étaient fort difficiles ; de plus, Kana-gawa, plus rapproché d'Yédo que Hoko-hama, est sur la grande route venant du

Fuzi-hama, du Tokaïdo et des provinces centrales ; le
gouvernement était bien aise d'éloigner les étrangers
d'une voie de communication très-fréquentée, leur per-
mettant d'avoir des relations avec un grand nombre d'indigènes, et de se faire une idée plus exacte des affaires du
pays. Ce fut d'après ces considérations que les négociants
étrangers se transportèrent à Hoko-hama ; les agents diplomatiques furent seuls autorisés à conserver des résidences
à Kana-gawa.

Concessions de terrains faites aux étrangers.

A Hoko-hama, le gouvernement mit à la disposition
des étrangers, et à titre de concessions, le terrain nécessaire pour leurs besoins du moment. Ces terrains, divisés
en petits lots, furent bientôt couverts de constructions.
Dans aucune autre partie du monde, on ne voit les maisons s'élever avec une semblable rapidité. Pour les mêmes
raisons qu'à Nagazaki, elles sont en bois ; les ouvriers ont
d'avance, dans leurs magasins, des poutres, des planches
toutes préparées et travaillées dans les dimensions et modèles en usage, de sorte qu'en quinze jours, au plus, on
trouve une maison habitée, des magasins bondés de marchandises, là où il n'y avait que le sol nu.

Ouvriers.

Les ouvriers travaillent avec une activité et une habileté remarquables ; les plus étonnants sont les terrassiers.
J'ai vu combler, en quelques jours, de vastes espaces ma-
récageux, au moyen de terres qu'on allait prendre à plusieurs centaines de mètres ; les ouvriers n'avaient que des
outils en bois, dont quelques-uns seulement étaient re-

couverts de minces lames de fer ; puis des paniers doubles que portent deux hommes au moyen d'un bambou reposant sur leurs épaules.

Commerce de Hoko-hama.

A côté de la concession faite aux étrangers s'est élevée une ville japonaise habitée par des négociants indigènes qui font des affaires avec les nôtres. Cette partie de Hoko-hama, percée de larges rues macadamisées, parfaitement alignées, très-bien entretenues, est bien mieux conçue et construite que celle occupée par les étrangers. Le commerce de cette localité, créée depuis quelques années à peine, a pris un grand développement. Il consiste principalement en soies gréges qui sont très-supérieures à celles de la Chine, elles peuvent même lutter, avantageusement, avec nos soies de deuxième qualité. Ici, comme en Chine, le commerce est presque entier dans les mains des Américains et des Anglais ; les Français n'ont que trois maisons, dont une seule, succursale d'une maison de Shanghaï, a quelque importance. En 1860, on n'avait fait, en tout, que pour 60 millions d'affaires au Japon. Les négociants se plaignent constamment des entraves que le gouvernement met à leurs opérations ; ils disent qu'à tous moments ils arrêtent les marchandises venant de l'intérieur des terres. Il peut y avoir du vrai dans ces réclamations ; cependant le gouvernement a un grand intérêt à laisser étendre les relations commerciales sur lesquelles il fait des profits énormes, qui sont les suivants :

1° 35 pour 100 sur les importations ;

2° 5 pour 100 sur les exportations ;

3° Le change des monnaies.

Change des monnaies.

Il est fait exclusivement par la douane ; la piastre mexi-
caine est la seule pièce ayant un cours régulier en Orient.
A Shanghaï, elle vaut de 5f,60 à 6f,30 ; au Japon, de 7f,00
à 7f,30. A Hoko-hama, on est forcé de faire toutes les
transactions en argent comptant et en *itchibous*, monnaie
spéciale au Japon, qui, comme valeur réelle, représente
un peu moins du tiers de la piastre. La douane, au lieu
de donner 3 itchibous par piastre, n'en donne que 2,40
ou 240 pour 100 piastres. Les piastres sont, de suite,
transformées en itchibous, et en produisent 300 ; c'est
donc un bénéfice net, pour l'État, de 60 sur 240 itchibous ou de 25 pour 100.

Position militaire de Hoko-hama.

Les Japonais, afin de garantir leurs côtes, ont fait un
assez grand nombre de batteries; mais les eaux de la baie
sont encore assez profondes à 2 milles de ces batteries,
devant lesquelles on peut ainsi passer sans avoir rien à en
redouter. En avant de Kana-gawa, ils ont construit, sur pilotis, au milieu de l'eau, un fort communiquant avec le rivage,
au moyen de deux longues chaussées. Les revêtements,
en solide maçonnerie, sont établis d'après des profils se
rapprochant beaucoup de ceux usités en Europe dans nos
fortifications. Cet ouvrage peut atteindre, par ses boulets,
les navires mouillés devant Hoko-hama ; il commande
assez bien la baie et n'aurait rien à craindre d'une attaque
par mer. Du côté de la terre, au contraire, il est dominé,
à 700 mètres de distance, par un mamelon qui s'élève sur

le rivage de Kana-gawa, et d'où une troupe armée de carabines de précision décimerait sa garnison.

Afin d'isoler Hoko-hama du reste du pays et d'enfermer, en quelque sorte, les étrangers, on a creusé, tout autour, un canal large de 30 mètres et profond de 12, les eaux de la mer l'alimentent de deux côtés ; la ville est ainsi devenue une île, qui n'est reliée à la terre que par deux ponts en bois, faciles à détruire au moyen du feu. L'un communique, au sud, avec les routes venant de Tréaty-point ; l'autre au nord-ouest, avec la grande route allant à Kana-gawa et Yédo. Ce canal, creusé dans un but évidemment hostile aux étrangers, pourrait, au contraire, leur être très-utile dans le cas d'une attaque venant du côté de la terre. Comme il y a toujours, en rade, un certain nombre de vaisseaux de guerre, il suffirait d'établir, sur la hauteur qui s'élève du côté de Tréaty-point et qui domine le quartier étranger, un poste fourni par les équipages des vaisseaux. La position est naturellement assez forte pour qu'on puisse y tenir pendant tout le temps nécessaire à l'évacuation de la ville par les étrangers qui, pendant cette opération, seraient protégés par le canal d'enceinte. On pourrait aussi, dans le cas d'une attaque sérieuse faite par nous sur Yédo, dont la première phase serait l'occupation de Hoko-hama et de Kanagawa, prendre le premier de ces points pour base d'opérations, le canal le couvrirait parfaitement. Il faudrait alors élever deux petits ouvrages de campagne : l'un sur la hauteur, du côté de Tréaty-point, dont j'ai déjà parlé ; l'autre sur une hauteur qui est sur la route de Kana-gawa, à droite. L'occupation permanente de cette dernière ville serait aussi indispensable, afin d'être maître de la grande route allant à Yédo.

Petit commerce de Hoko-hama.

La partie japonaise de la ville est en entier occupée par des commerçants chez lesquels on trouve, à profusion, tous les objets produits par l'industrie du pays. Les boutiques, plus belles, plus spacieuses que celles de Nagazaki, renferment aussi des marchandises bien autrement précieuses. Ici ce sont des bronzes sculptés, des vases de dimensions énormes, damasquinés ou niellés en argent ; là des porcelaines d'une finesse extrême, ornées de peintures faites avec art, couvertes de dessins de laque et d'or. Quelques pièces, comme des plats et des vases, sont faites dans de grandes dimensions et ont plus de 1 mètre de hauteur ou de largeur. On est ébloui quand on passe près de ces splendides magasins. Ne nous arrêtons pas trop longtemps là ; entrons dans cette boutique dont l'aspect est plus modeste. Si le maître du lieu vous connaît particulièrement, il vous amènera de suite dans les petits appartements; vous y trouverez la famille prenant ses repas ou du thé, ou fumant dans de petites pipes en se chauffant les mains autour d'un *chibachi*, sorte de brazero en bronze, de formes remarquables, orné souvent de belles sculptures et qu'on remplit de charbons ardents placés sur des cendres bien nettoyées ; on apportera une foule de petites boîtes contenant tout ce que l'art ancien a produit de plus merveilleux en laque d'or, en groupes d'ivoire sculptés. Quelques-uns de ces objets sont faits depuis plus de 1 000 ans; on est étonné quand on voit avec quel art, quelle conscience on travaillait dans ces temps reculés. On étalera, devant vous, des boîtes, des coupes de toutes les formes, de toutes les dimensions, faites en écaille de la plus belle espèce, décorées de dessins en laque d'or. Quoique ces derniers objets soient dus à l'art moderne, ils peuvent lutter, pour le prix, la matière et les dessins, avec ce que l'antiquité a produit de plus merveilleux.

Hôtel de Hoko-hama.

Il existait, à Hoko-hama, un hôtel tenu par un Américain. Nous avions tous compté sur cette ressource pour nous installer. La rentrée, dans la ville, des représentants européens avait modifié la question. M. Rhuterford Alcock, ministre d'Angleterre, avait loué tout l'hôtel pour y installer le personnel de sa légation. Je fus obligé de me rendre chez M. Lorero, Portugais, qui remplissait, à Hoko-hama, les fonctions d'agent consulaire pour la France, afin de lui demander des indications sur la manière dont je pourrais me loger. M. Lorero aurait bien voulu pouvoir m'offrir l'hospitalité, mais sa maison était encombrée ; je fus obligé d'aller chercher fortune ailleurs. Je me dirigeai vers la demeure de M. Garnier, jeune Parisien, pour lequel M. Salabelle, négociant à Shanghaï, m'avait donné une lettre de recommandation. Je reçus là une généreuse hospitalité et fus l'objet de soins empressés. M. Garnier, jeune, intelligent, actif, parlant déjà assez bien le japonais, était le premier Français qui se fût établi au Japon, où il s'était créé une charmante résidence. Il eut la gracieuse bonté de me mettre de suite au courant de mille détails qui sont indispensables quand on vient passer quelque temps dans un pays qui nous est entièrement inconnu.

Position des étrangers au Japon.

Après l'assassinat de M. Heusken, la position des étrangers paraissait être très-précaire, personne ne sortait, dans le jour, sans être armé au moins d'un revolver ; les employés des légations y joignaient un sabre et n'étaient pas trop contrariés de la tournure semi-militaire que leur donnait ce déploiement de précautions. Pendant la nuit, quand on était absolument forcé de sortir, le revolver quittait la ceinture pour passer dans la main, où on le gardait armé tant qu'on était hors de son domicile. Dans les rues, le peuple paraissait être aussi bienveillant que par le passé, mais on voyait circuler constamment des groupes de 6 à 8 lounines, aux figures sinistres, armés de leurs deux sabres, nous lançant des regards qui passaient alternativement du mépris à la provocation. On m'avait conseillé de me mettre en bourgeois ; je conservai, au contraire, mon uniforme, et je m'aperçus bientôt qu'avec un peuple chez lequel tout ce qui est noble, mais seulement ce qui est vraiment noble, porte toujours les armes, j'avais bien fait de conserver un costume qui m'attirait toutes sortes d'égards et de prévenances. Du reste, malgré tout ce qui m'a été dit par les négociants étrangers au sujet des dangers auxquels ils étaient exposés, et du manque d'égards dont ils seraient constamment l'objet de la part des autorités indigènes, et même quelquefois de la part des simples particuliers, je suis forcé de dire que ces plaintes, ces appréhensions me paraissent fort exagérées. Je suis plus porté à croire que, si quelques-uns d'entre eux ont été les victimes de tentatives de meurtre, on peut être assuré qu'ils s'étaient attiré ces malheurs par leur conduite inconsidérée. J'ai besoin de développer ma pensée afin que chacun puisse juger de quel côté sont les torts, quels sont les véritables agresseurs. Je citerai, à l'appui de ce qui précède, des faits qui ont eu lieu peu de temps avant mon arrivée, ou dont j'ai été moi-même témoin.

Point d'honneur comme le comprennent les Japonais.

Le caractère du peuple japonais est bienveillant; les nobles seuls nous voient de mauvais œil, on sait pourquoi. Chez les uns comme chez les autres, il règne un grand sentiment de droiture joint à une noble fierté, à des idées de point d'honneur poussées si loin, que le Japonais, qui croit avoir forfait à l'honneur, ou seulement à l'accomplissement de son devoir, n'hésite pas, un seul instant, à se faire justice en s'ouvrant le ventre. S'il n'a pas assez d'énergie pour accomplir cet acte, c'est son propre fils ou son plus proche parent qui lui rend ce service, car, d'après leurs idées, un homme déshonoré ne peut plus vivre. Ce sentiment est peut-être exagéré, mais il vaut mieux qu'il en soit ainsi que de voir, comme cela a lieu, dans nos sociétés européennes, tant d'hommes profondément flétris, qui se font, en quelque sorte, un piédestal de leur honte.

Conduite des étrangers avec les Japonais.

Au Japon, les négociants forment la dernière classe de la société ; quelles que soient les richesses qu'ils acquièrent par leurs spéculations, ils sont toujours des manants. Il en était ainsi chez nous au moyen âge, qui est, par le fait, l'âge politique du Japon. Ils ne peuvent jamais ni porter les deux sabres ni monter à cheval ; ces priviléges sont exclusivement réservés à la noblesse.

Les négociants américains et anglais se sont posés au

Japon, où ils ne sont que tolérés, comme s'ils étaient en
pays conquis. Voulant que, partout et toujours, on res-
pecte leurs lois et leurs coutumes, ils affectent le plus
souverain mépris pour celles d'un peuple qui n'a pas
éprouvé la force de leurs armes. Leur premier soin a été
de se donner des chevaux sur lesquels ils vont au galop
dans les rues, malgré les règlements de police très-précis
à cet égard, bousculant, renversant tout ce qui se trouve
sur leur passage, donnant de grands coups de fouet aux
pauvres diables qui ne se rangent pas assez vite devant
eux. Si un officier de police cherche à les arrêter, ils pré-
cipitent encore leur course en l'accablant d'injures. Je ne
sais pas si nos sergents de ville ou nos gendarmes, malgré
leur longanimité, que tout le monde se plaît à reconnaître,
seraient aussi tolérants que les yacounines, si un Anglais,
un Américain ou tout autre étranger agissait, comme
le font les négociants étrangers, toutes les fois qu'un agent
de la sûreté publique, au Japon, cherche à les ramener
poliment à l'exécution des lois et règlements du pays. Le
yacounine se contente de faire son rapport ou son procès-
verbal à qui de droit, sans jamais faire usage de ses armes
envers l'étranger qui l'a injurié, et plus souvent encore
lui a allongé un vigoureux coup de fouet.

Lois sur la chasse violées par les étrangers.

La chasse est sévèrement interdite aux environs de
Hoko-hama et d'Yédo. Les oiseaux les plus timides, canards, oies sauvages, grues, hérons, cygnes, flamants, ne
se dérangent pas, quand dans la campagne on passe tout
auprès d'eux. Des Anglais, des Américains ont voulu,
malgré ces prohibitions, rigoureusement observées par
les indigènes, exercer leur adresse sur ces paisibles oi-

seaux. Un d'eux parvint, en usant de violence, à échapper
aux yacounines qui voulaient l'arrêter.

Affaire Moze.

Un Anglais, M. Moze, appartenant à la religion juive,
pris aussi en flagrant délit, opposa une vigoureuse résistance dans la lutte; il abattit d'un coup de fusil un de
ceux qui l'entouraient. Cet homme, dit-on, mourut de
sa blessure. Arrêté enfin, M. Moze fut remis, par les autorités japonaises, au ministre d'Angleterre. Ce dernier
se contenta de lui infliger une forte amende, comme in-
demnité à donner au blessé, l'expulsa de la colonie et le
condamna à trois mois de prison, qu'il devait subir à
Hong-kong, où réside l'autorité supérieure anglaise.
M. Moze fit paraître une protestation énergique contre
les mesures de rigueur dont il était l'objet, se plaignant
hautement, comme s'il avait été la victime d'un abus
d'autorité. D'après les lois japonaises il eût été condamné
à mort. Tous les négociants étrangers, quelle que fût leur
nationalité, approuvèrent et signèrent la protestation. Le
ministre anglais, M. Rhuterford Alcock fut sommé de se
rendre à Hong-kong pour y soutenir sa décision devant
la haute cour de justice coloniale. Je fis la traversée avec
lui quand je quittai le Japon ; j'ignore si sa décision, que
je crois juste et même indulgente, fut approuvée.

Brutalité de quelques étrangers envers les Japonais.

J'ai vu un négociant américain, M. Schmit, rencon-
trant, dans un café, un de ses serviteurs indigènes qui
l'avait quitté la veille sans le prévenir, il est vrai, mais
aussi sans lui réclamer ses gages, se précipiter sur ce mal-

heureux, le terrasser, le frapper à outrance avec une bru-
talité inouïe.

Abus d'autorité.

J'ai vu un agent diplomatique, croyant qu'un noble
japonais l'avait regardé en souriant et avait pu dire quelque
plaisanterie à un de ses camarades, s'élancer sur lui, le
saisir à la gorge au milieu de sept autres officiers indigènes, armés, comme lui, de deux sabres, puis le faire
conduire, comme un malfaiteur, par des hommes de sa
garde, chez le gouverneur de Hoko-hama. Le noble japonais n'opposa aucune résistance. Arrivé devant l'autorité,
il fit comprendre qu'il n'avait eu aucune intention bles-
sante, qu'il avait peut-être regardé avec trop de curiosité
l'agent diplomatique, qui était armé de pied en cap comme
un soldat allant à la bataille. Il déclara ses noms et qualités ; or ce personnage, qui s'était laissé arrêter en pleine
rue, au milieu de sept de ses camarades armés, était le
commandant de la jonque affectée au service particulier
du taïcoun. Je doute fort qu'en France, en Europe, un
officier, un simple soldat se laissât arrêter par l'ambassadeur de la puissance la plus redoutée ; celui qui, aussi
arbitrairement que l'agent diplomatique de Hoko-hama,
porterait la main sur lui, courrait grand risque de faire
connaissance avec la lame de son sabre.

Motif des fréquentes tentatives d'assassinat.

On voit, d'après ce qui précède, que les nôtres ont
aussi quelques torts à se reprocher. Presque tous les attentats qui ont eu lieu jusqu'à ce jour sur des étrangers
ont été provoqués par ces derniers. Le meurtre de M. Heus-

ken est peut-être le seul dont on ignore le motif. Ce Hollandais était d'un caractère doux, affable, conciliant, mais très-énergique. Il était depuis longtemps dans le pays, dont il parlait très-bien la langue ; il connaissait les mœurs des Japonais et la politique du gouvernement, qui a peut-être provoqué sa mort parce qu'il le croyait dangereux.

De plus, M. Heusken apportait, trop souvent, dans les affaires politiques qu'il était chargé de traiter, un ton impérieux et des manières hautaines, ce qui lui avait fait des ennemis parmi de hauts employés du gouvernement.

Sentiment de justice des Japonais.

Voici maintenant un fait qui m'est personnel et qui prouve que les Japonais ont un grand sentiment de justice. Je me trouvais, vers 10 heures du soir, dans les rues de la ville japonaise, avec M. Bourret, négociant français. Une rixe eut lieu entre des domestiques chinois au service des négociants étrangers et des porteurs de kango (chaise à porteur du pays). Les coups de bâton pleuvaient dru comme grêle, la troupe très-nombreuse des combattants marchait rapidement vers nous. J'invitai M. Bourret à hâter le pas, afin de ne pas nous trouver englobés dans une semblable bagarre. Au lieu de suivre mes conseils, M. Bourret, poussé par la curiosité, alla à la rencontre de la bande ; je m'abstins de suivre son exemple, mais, ne voulant pas l'abandonner complétement, je m'arrêtai au milieu de la rue, et, à tout événement, je saisis mon revolver. M. Bourret arriva jusqu'au groupe, dans lequel il disparut. J'étais fort inquiet sur son compte, quand tout d'un coup une vingtaine de porteurs de kango, armés de gros bambous, se précipita sur moi. J'étais perdu si je me laissais atteindre, il n'y avait pas à hésiter; en tête du groupe marchait un homme qui leva le bâton sur moi; je fis feu et l'étendis à mes pieds. Aussitôt tous les assaillants s'enfuirent, et la panique, se communiquant jusqu'au groupe principal, je vis revenir vers moi M. Bourret tout écloppé; sa curiosité lui avait valu sept coups de trique, qui se comptaient par les bosses qu'il avait sur la tête et les contusions dont son corps était couvert. Cette fois, il n'hésita plus à me suivre; nous fîmes notre retraite, poussés de près par les gens armés de bâton, que je faisais reculer à distance respectueuse chaque fois que je me retournais et que je levais mon revolver.

Aussitôt que je fus rentré dans le quartier des étrangers, je me rendis chez l'agent consulaire de France, auquel je racontai ce qui avait eu lieu. Le lendemain, M. Lorero me dit que la police japonaise savait déjà ce qui s'était passé, qu'elle m'approuvait d'avoir repoussé la force par la force; que, du reste, bien que l'individu que j'avais atteint eût eu le bras et le corps traversés, ce qui occasionnerait probablement sa mort, je n'avais à craindre aucun acte de vengeance, parce que la justice était de mon côté.

Jamais, en effet, je n'eus depuis lors le moindre danger à courir dans les rues de Hoko-hama, où je circulai souvent, de jour ou de nuit. Je ne reçus, au contraire, que des politesses, et pourtant toute la ville savait ce que j'avais fait.

Justice sommaire pour insulte faite au ministre d'Angleterre.

Pendant le séjour que je fis plus tard à Yédo, le ministre d'Angleterre fut insulté en passant dans la rue. Il

fit sa plainte à l'autorité japonaise, qui fit trancher la tête
aux coupables. Leur faute était loin d'être aussi grave
que le meurtre commis par M. Moze, pourtant la répres-
sion fut immédiate et bien sévère.

Surveillance continuelle exercée sur les domestiques indigènes au service des étrangers.

Aucun indigène, de l'un ou de l'autre sexe, ne peut
entrer au service des étrangers sans l'autorisation du gouverneur de la localité, qui leur procure aussi les travail-
leurs permanents ou autres qui leur sont nécessaires.
A Hoko-hama, c'est le gouverneur de la douane qui est
chargé de ce soin. Les étrangers ne peuvent traiter aucune affaire directement avec un indigène sans que le
gouvernement n'intervienne. Tout individu devant entrer
dans une de nos maisons, comme domestique ou autrement, est appelé à la douane, où on le retient pendant
tout le temps nécessaire, souvent pendant plusieurs jours,
pour lui faire sa leçon. Il lui est formellement interdit de
donner à son maître des renseignements sur la constitution du pays, sur le prix réel des denrées, des marchandises, que nous payons ainsi bien plus cher que les indigènes ; il est, de plus, forcé de rendre un compte exact
de ce qui se passe dans la maison où il est employé ; à
cet effet, on l'appelle de temps en temps à la douane.
Souvent le domestique ne reparaît plus, il a été envoyé
dans une autre localité comme étant peu apte à éclairer
la police ; on le remplace, il est vrai, dès que nous le de-
mandons. Ce système d'espionnage continu blesse profondément les étrangers, qui ne veulent pas comprendre
qu'on n'agit pas autrement envers les gens du pays, quel

que soit leur rang, et qu'en définitive, quand on vient
s'implanter au milieu d'un peuple qui ne nous a pas appelés, qui même nous a reçus malgré lui, il faut se soumettre à ses lois, à ses coutumes, ou lui imposer les
siennes. Mais, pour agir de cette dernière façon, il faut
être les plus forts, et telle n'est pas la position. On n'a
pas encore combattu, et peut-être, si on le faisait sérieusement, les puissances européennes n'auraient pas le
dessus.

Arrivée de la Dordogne.

M. Duchesne de Bellecourt, aussitôt après l'assassinat
de M. Heusken, avait demandé à M. le vice-amiral Char-
ner, commandant en chef des forces de mer, en Chine,
d'envoyer à Hoko-hama un vapeur de guerre français,
pour y faire respecter nos couleurs nationales. La *Dordogne*, transport à vapeur, ayant 10 canons, 100 hommes
d'équipage, et commandée par M. Faucon, capitaine de
vaisseau, reçut l'ordre de quitter Chusan, où elle était en
station, et de se rendre au Japon. Une violente tempête
l'accueillit en route; quand, le 6 février, elle mouilla en
rade de Hoko-hama, elle avait perdu son mât d'artimon,
son gouvernail, ses embarcations, et était dans un état
de délabrement tel, qu'on pensait que de longtemps elle
ne pourrait pas reprendre la mer. L'équipage était décimé
par la petite vérole; le commandant Faucon, grièvement
blessé pendant la tempête, était alité. A l'arrivée de ce
vapeur, les gardes anglaises qui protégeaient notre légation furent remplacées par des marins français.

Ouverture des conférences avec le gouvernement d'Yédo.

Les ministres étrangers, en quittant Yédo, avaient envoyé au gouvernement une note collective contenant leur ultimatum. Ils demandaient la punition des coupables, l'établissement de nouvelles mesures d'ordre pour protéger les Européens ; enfin une réparation officielle éclatante pour l'assassinat de M. Heusken, que les quatre puissances, France, Angleterre, Prusse et Hollande, considéraient comme un attentat contre tout le corps diplomatique auquel la victime appartenait. Le gouvernement envoya, le 13 février, une lettre dans laquelle il témoignait le plus grand regret du malheur arrivé à M. Heusken ; il promettait d'examiner avec le plus grand soin les propositions qu'il avait reçues, mais il lui était impossible de fixer l'époque à laquelle il ouvrirait les conférences ; il lui fallait beaucoup de temps pour réfléchir aux grosses questions qu'on lui avait posées.

Influence heureuse de M. de Bellecourt sur la marche
des affaires.

M. de Bellecourt avait, dans les réunions des représentants étrangers qui avaient eu lieu à Yédo, fortement engagé ses collègues à prendre des mesures décisives et énergiques. Le ministre d'Angleterre, dont la conduite avait été jusque-là taxée de faiblesse par ses compatriotes, qui l'accusaient hautement d'avoir été trop partial, pour les Japonais, dans l'affaire Moze, avait accédé aux avis du chargé d'affaires de France. Ce fut sur la proposition de ces deux diplomates que les autres représentants se retirèrent à Hoko-hama. Quand on reçut la lettre du 13,

le ministre d'Angleterre voulait qu'on se retirât de suite
à Shanghaï ; cette démarche, trop précipitée, aurait rompu
toutes les relations diplomatiques, amené une rupture
complète et peut-être même la guerre, que les Anglais,
pas plus que les Français, n'étaient, pour le moment, en
mesure de faire ; les premiers avaient leurs forces maritimes engagées dans le fleuve Yang-tsi-kiang, les nôtres
l'étaient en Cochinchine.

Ruse employée par M. de Bellecourt pour obtenir une solution prompte.

D'après les idées de M. de Bellecourt, les nombreuses
attaques qui se reproduisaient périodiquement contre les
étrangers étaient toutes provoquées par le gouvernement,
qui en témoignait, à la vérité, son profond regret, mais
qui, déclinant toute responsabilité, disait invariablement :
qu'il lui était impossible de connaître les coupables, ou
que ces derniers étaient au service de daïmios puissants,
contre lesquels le taïcoun n'avait aucune action. Tout cela
avait pour but de dégoûter les étrangers de leur séjour,
si précaire, au Japon, et surtout de faire renoncer aux
clauses des traités de 1858, d'après lesquelles on devait
ouvrir en 1862 et 1863 aux étrangers divers ports de l'empire, entre autres ceux d'Osaka et d'Yédo. M. de Bellecourt
proposa à son collègue de faire la réponse suivante :
On comprenait facilement qu'il fallût beaucoup de
temps pour répondre aux graves questions qui avaient été
posées ; on profiterait de ce délai pour aller visiter les divers points qui, d'après les traités, devaient être ouverts en
1862 et 1863. On pensait qu'au retour du voyage, qui du-
rerait environ deux mois, le gorogio (conseil des mi-

nistres) serait suffisamment préparé pour discuter les divers articles en litige. On invitait le conseil à donner des ordres pour que les ministres de France et d'Angleterre fussent partout reçus avec les honneurs que leur attribuaient les traités.

Cette réponse faisait connaître clairement que, au lieu de renoncer au commerce du Japon, nous étions décidés à user de tous nos droits. ,

La *Dordogne* étant hors d'état de prendre la mer, il fut décidé que l'*Encounter*, vapeur de guerre anglais, sur lequel devait partir le ministre d'Angleterre, prendrait la légation française, à laquelle je serais attaché pendant cette excursion. Nous irions d'abord à Osaka, d'où nous nous rendrions, par terre, à Miako. Un vapeur de guerre, qu'on demanderait à l'amiral commandant les forces de mer, à Shanghaï, viendrait prendre M. Bellecourt et sa suite à Osaka ou sur tout autre point de notre itinéraire, afin qu'aux yeux des populations que nous allions visiter pour la première fois la légation française ne parût pas être sous la protection du pavillon britannique. Cette considération est très-importante dans un pays où très-peu de gens ont des idées bien nettes, au sujet des relations qui existent entre les diverses puissances de l'Europe.

Les conférences s'ouvrent et marchent rapidement.

Aussitôt que le gouvernement eut reçu cet ultimatum, il envoya à Hoko-hama un ministre des affaires étrangères pour y ouvrir les conférences. Le 1er mars était fixé pour le départ de l'*Encounter*; les diplomates français et anglais déclarèrent que, si, à cette époque, tout n'était pas réglé d'une façon conforme à leurs désirs, ils se mettraient en route et que, sous aucun prétexte, ils n'accorderaient le moindre délai.

Toutes les demandes sont accordées.

Le gouvernement avait l'intention de demander plus tard que l'ouverture d'Yédo et d'autres points ne se fît qu'à une époque plus reculée ; il craignait beaucoup que les représentants étrangers n'allassent visiter, ainsi qu'ils en avaient le droit, les points en litige, ce qui leur permettrait de s'assurer si, contrairement aux traités, on n'y élevait pas de nouvelles fortifications. Aussi, en quelques jours, toutes les demandes de la France et de l'Angleterre furent accordées.

M. le comte d'Eulembourg, ambassadeur de Prusse, avait obtenu, le 14 janvier, la signature de son traité ; il était parti le 30 du même mois pour l'Europe. M. de Wit, consul général de Hollande, était en congé. La France et l'Angleterre seules purent prendre part à ces conférences, qui amenèrent les résultats suivants :

Résultats des conférences.

Les pavillons de France et d'Angleterre, ayant été amenés à Yédo par suite d'un attentat intéressant tous les Européens, n'y seraient rétablis que si le gouvernement s'engageait à les faire saluer de vingt et un coups de canon chacun ; ce salut serait rendu, coup pour coup, par les vaisseaux d'Angleterre et de France. Jusqu'à ce jour, les saluts que les vaisseaux de toutes les nations font à la terre n'avaient pas été admis par les Japonais ; ils avaient déclaré que jamais ils ne les rendraient, afin de constater que leurs relations avec les étrangers n'étaient que momentanées et n'avaient aucun rapport avec celles que les autres peuples de l'univers ont entre eux. C'était la conséquence naturelle du système d'isolement auquel ils tendent continuellement à revenir. Dans la circonstance présente, la démonstration était bien autrement importante ; le salut, partant d'abord des forts japonais, impliquait que c'était un acte de réparation, chose bien grave, bien humiliante, pour un gouvernement aussi fier ; c'était, de plus, un désaveu formel, à nos yeux et à ceux des Japonais, de toute participation à l'assassinat de M. Heusken ; or indigènes et étrangers savaient tous très-bien que le secrétaire de la légation américaine n'avait pas été la victime d'une vengeance particulière, mais bien des haines du parti qui cherche par tous les moyens à rompre les relations de l'empire avec les étrangers. Ce parti avait été toujours toléré, sinon encouragé par le gouvernement. La retraite des représentants, l'annonce surtout de leur voyage dans l'intérieur du Japon avaient causé un grand émoi parmi les membres du gorogio et fait accorder cette demande du premier salut, aussi humiliante que significative. Ce premier point réglé, les autres, qui ne comportaient que des mesures d'ordre et de protection pour les Européens, n'offraient plus aucune difficulté ; ils ne furent discutés que pour la forme. Il fut convenu que les représentants feraient à Yédo une entrée solennelle et qu'on les recevrait, comme à leur première arrivée, avec tous les honneurs dus à leur rang.

Situation améliorée.

On n'avait pas tranché d'une manière définitive toutes les questions pendantes qui, pour la plupart, demandaient des études approfondies et que le temps seul permettrait de résoudre convenablement; toutefois on était entré dans une bonne voie. Les résolutions calmes et énergiques tout à la fois que les représentants avaient prises, d'après l'initiative et l'exemple de M. de Bellecourt, avaient fait connaître que le gouvernement renonçait, pour le moment, à l'expulsion immédiate des étrangers, ce qui aurait amené infailliblement la guerre. Nous pûmes voir que notre influence était aussi beaucoup plus grande qu'on ne l'avait cru jusqu'alors sur le gouvernement d'Yédo.

Courtoisie des Anglais.

C'était le 2 mars que les représentants de France et d'Angleterre devaient faire leur rentrée officielle et solennelle à Yédo.

La *Dordogne* n'avait pas encore terminé ses réparations essentielles, il lui était impossible de faire les 15 milles qui séparent Hoko-hama d'Yédo. Le ministre anglais avait arboré son pavillon sur l'*Encounter;* il eut la courtoisie de mettre à la disposition de la légation française le *Pionnier*, vapeur de guerre anglais, qui arbora nos couleurs nationales à son grand mât. La gracieuseté des diplomates et marins anglais fut parfaite dans cette circonstance; elle prouva qu'ils étaient désireux de conserver de bonnes relations entre nos deux nations et qu'en même temps ils avaient su apprécier la conduite de M. de Bellecourt.

Rentrée à Yédo.

Nous devions débarquer à Yédo à 2 heures du soir, ce qui, par suite d'un temps affreux, ne put avoir lieu qu'à 3 heures 1/2. Deux ministres japonais, avec des escortes

nombreuses, attendaient sur la plage chacun des représentants, qu'ils conduisirent jusqu'à leurs résidences, au
milieu d'un concours immense de population. Ils assistèrent au rétablissement des pavillons, que les forts japonais saluèrent de vingt et un coups de canon pour chacun.
L'*Encounter* rendit le salut pour l'Angleterre, le *Pionnier* pour la France. Les ministres japonais furent pleins
d'urbanité pour les agents diplomatiques.

Yacounines gardes des légations.

J'étais impatient de voir cette célèbre ville d'Yédo où
si peu d'Européens avaient encore pénétré; aussi les premiers temps de mon séjour furent presque entièrement
employés à la parcourir en tous sens. Dans mes courses,
j'étais escorté par huit ou dix yacounines à cheval de la
garde de M. de Bellecourt. La légation française, comme
toutes les autres, est protégée par une garde nombreuse
prise parmi les officiers du taïcoun. Le gouvernement
prétend qu'il est forcé de prendre cette précaution contre
quelques daïmios, ennemis déclarés des étrangers, qui,
sans cela, ne manqueraient pas de faire un mauvais parti
aux représentants, au moyen de soldats ou lounines attachés à leur fortune. Les agents diplomatiques se trouvent
ainsi entourés d'un cordon sanitaire, qui les empêche
d'avoir aucune communication directe avec les indigènes.
Ils ont souvent demandé la suppression de cette garde,
qui foisonne autour d'eux et qui gêne réellement leurs
mouvements; le gouvernement a persévéré et, bon gré
mal gré, il a fallu subir cette protection incommode, il est
vrai, mais qui a bien aussi sa raison d'être maintenue. Si
les légations restaient sans protections sérieuses, les agents
diplomatiques seraient infailliblement massacrés; il fau-

drait donc que chaque puissance entretînt, dans sa légation, un assez grand nombre d'hommes armés pour repousser une attaque imprévue. Sans tenir compte des dé-
penses sérieuses que cela entraînerait, je doute que le
gouvernement du Japon acceptât des dispositions qui,
d'un côté, feraient voir qu'on n'a aucune confiance dans
sa loyauté, et qui, d'un autre côté, implanteraient léga-
lement, dans sa capitale, des forces étrangères, pouvant
résister, dans une certaine limite, à l'exécution des ordres
donnés par le gouvernement du pays. En définitive, il
me semble qu'un peuple qu'on n'a pas vaincu a bien le
droit d'être le maître chez lui. Pour mon compte particulier, je n'ai eu qu'à me louer de la courtoisie de mes
yacounines d'escorte; ces braves gens étaient tous nobles
à deux sabres, je les traitais en gentilshommes; de leur
côté, ils faisaient tout leur possible pour deviner mes désirs et pour les satisfaire, avec empressement, dans la limite de leurs attributions.

Je m'occupais souvent de travaux photographiques;
mes yacounines d'escorte, auxquels je montrais les résultats obtenus, se mettaient d'eux-mêmes à ma disposition et me servaient d'aides. Les uns allaient me chercher de l'eau, d'autres dressaient ma tente; ils faisaient
écarter la population, qui, par sa curiosité empressée,
aurait pu gêner mes opérations. Un jour je travaillais devant le palais du prince de Satsouma; j'avais déjà obtenu
un cliché que j'étais en train de fixer dans ma tente,
quand les yacounines me prévinrent que le prince faisait
monter à cheval plusieurs de ses cavaliers pour m'attaquer; il paraît que ce prince était peu désireux de me
voir emporter en Europe un souvenir de sa splendide demeure. J'emballai, au plus vite, mon appareil, et, comme
il était inutile de faire preuve d'une bravoure qui aurait

amené un conflit sanglant dans lequel j'aurais infailliblement succombé avec mon escorte, nous partîmes rapidement au galop, assez à temps pour éviter la poursuite de nos ennemis.

Description d'Yédo.

La capitale du Japon à 25 kilomètres de diamètre : placée au bord de la mer, sa forme est presque circulaire.

Faubourgs, ville noble.

Les faubourgs forment une ceinture de 8 à 9 kilomètres autour de la ville noble ou officielle, qui a 8 kilomètres de diamètre et est entourée d'un fossé plein d'eau, dont la largeur varie de 60 à 80 mètres, sur une profondeur de 4 à 5 mètres. L'escarpe et la contrescarpe ont des revêtements faits avec des blocs énormes de pierre, réalisant la véritable construction cyclopéenne. L'escarpe a environ 5 mètres au-dessus de l'eau du fossé ; elle est adossée à un terre-plein de 40 à 60 mètres d'épaisseur, planté d'arbres gigantesques.

Palais du taïcoun.

Le palais du taïcoun forme une troisième ville, de 2 kilomètres de diamètre, au centre de la ville noble ; comme elle, il est entouré d'une enceinte bordée de fossés pleins d'eau et semblable, en tout, à celle que j'ai décrite. Ces fortifications ne sont pas flanquées d'après un système régulier, elles ont quelques angles pouvant donner des feux sur les fossés. Du reste, la largeur de ces derniers est telle, ils sont si profonds, les murs et les terre-pleins sont si épais, si solides, que le flanquement est presque sans importance.

La rivière O'Kava.

Une rivière appelée O'Kava, large de 200 à 300 mètres, sert de fossé à la partie nord de la ville noble; ses eaux profondes peuvent porter de gros bateaux. C'est elle qui alimente les fossés des fortifications, dans lesquels viennent se déverser aussi plusieurs cours d'eau qui circulent dans la partie sud-ouest des faubourgs. Quatre ponts en bois, dont trois partant de la ville noble et le quatrième dans les faubourgs, mettent en communication les deux rives. Ils ont les noms suivants, en partant de la mer et remontant la rivière :

1° Jettaï-hashi,
2° O ou Nipon-hashi,
3° Bamaka-hashi,
4° Hatzama-hashi.

Forts du côté de la mer.

La portion de la baie le long de laquelle est située la ville d'Yédo est si peu profonde, que les vaisseaux sont forcés de mouiller à 8 ou 9 kilomètres du rivage. Le fond s'incline d'une façon presque insensible et continue vers le large; la basse mer laisse environ 1 kilomètre de terrains vaseux à découvert. Au milieu de ces bas-fonds et de ces vases circule un étroit chenal, par lequel seul les embarcations peuvent entrer dans la rivière. Afin d'éviter toute possibilité d'attaque par mer, même avec des embarcations légères, on a construit sur pilotis cinq forts le

long du chenal, à une distance du rivage qui varie entre
4 et 5 kilomètres. Ils n'ont donc rien à craindre des vaisseaux, qui ne peuvent pas s'en rapprocher assez pour
donner un effet utile à leur artillerie. Le tracé de ces
forts, qui sont très-grands et dont celui qui est le plus au
sud a 60 canons de gros calibre, se rapproche beaucoup
de la forme bastionnée. On voit que les Européens, les
Hollandais probablement, quand, seuls, ils avaient accès
au Japon, ont donné des conseils qui ont été mis à profit. Ces forts sont très-bien disposés sur les bords du
chenal, qui circule entre eux; ils enlèvent à l'ennemi
tout espoir de se rapprocher assez de la ville, même avec
des bateaux plats, pour tenter un bombardement; opération qui causerait de grands dommages, toutes les maisons étant construites en bois.

Auprès du fort du sud, les eaux doivent être plus profondes, car on voit constamment tout autour une grande
quantité de grosses jonques à l'ancre. Ces navires sont
plats, il est vrai, mais quelques-uns calent plusieurs
mètres. Un fort armé de nombreux canons établis en bar-
bette est placé à l'embouchure de la rivière, dont il interdit l'entrée à l'ennemi.

Rues et constructions, faubourgs.

Dans les faubourgs, les rues, sans être tracées exactement en ligne droite, sont assez bien alignées et d'une
longueur convenable. C'est là qu'habite le peuple et
qu'est concentré tout le commerce; on y rencontre beaucoup de maisons à thé, et quelques palais de daïmios,
vastes édifices couvrant, par leurs constructions, de
grandes étendues de terrain. La partie nord des faubourgs
est construite sur un terrain très-plat; une deuxième

rivière qui coule parallèlement à la première, et à 5 ou
6 kilomètres plus au nord, a été mise en communication
avec la première, au moyen d'une foule de larges canaux
qui remplacent les rues et dans lesquels circulent une
quantité considérable de bateaux. C'est dans cette partie
de la ville, qui a du rapport avec Venise, que se fait le
commerce de toutes les denrées encombrantes, comme le
riz, le bois, etc.

Ville noble.

Dans la ville noble, les rues, tracées au cordeau, sont
aussi larges que notre rue de la Paix ou que nos boulevards de Paris. Macadamisées avec soin, le centre est
relevé en dos d'âne arrondi; de chaque côté, sont de petits
fossés bordés de pierres de taille, dans lesquels coulent les
eaux pluviales qui, grâce à une pente bien ménagée, se
déversent dans les fossés des fortifications. Les rues, ba-
layées dès le matin, sont d'une propreté à rendre jalouse
l'édilité parisienne, qui, malgré les profondes études des
savants ingénieurs qu'elle a à son service, malgré ses légions de balayeurs, n'a pas pu encore nous préserver de ces
mers de boue liquide que son macadam nous donne à la
moindre pluie. Elle ferait bien d'envoyer quelques employés, pour prendre des leçons, auprès de l'édilité d'Yédo.

Palais des daïmios.

Toutes ces larges rues sont bordées par les palais des
daïmios, dont plusieurs ont des façades de 500 et
600 mètres de longueur. Ces habitations reposent sur des
soubassements en pierre sculptée ; au-dessus s'élèvent

des constructions en bois de **8** à **10** mètres d'élévation ; elles comprennent un rez-de-chaussée et quelquefois un premier étage ; le style de ces constructions est régulier et sévère ; elles servent à loger les nombreux serviteurs et les troupes des daïmios, et entourent tout le terrain appartenant au même propriétaire, qui se trouve ainsi complétement chez lui. Le caractère des Japonais ne les porte pas encore à sacrifier, comme nous, au luxe extérieur ; c'est pour cela que ces constructions, faites sur la rue, dans le seul but de loger les gens de service et d'isoler le propriétaire du public, ont frappé tous les voyageurs qui n'ont passé que quelques jours à Yédo. Ils croyaient y voir partout des habitations féériques, et leurs déceptions se retrouvent dans toutes leurs relations. Ils ne savent pas que ce peuple concentre toutes ses jouissances dans sa vie privée, et, s'il leur avait été permis de jeter un regard au delà de ces constructions utiles et monotones, que seules ils ont pu apercevoir, il est probable qu'ils porteraient un jugement un peu moins précipité sur un peuple qui cherche à dérober, par tous les moyens possibles, sa vie de famille aux regards indiscrets du public. De larges portes lourdes et massives, à deux battants, surmontées de frontispices où sont sculptées les armes de la famille, bordées de fer et d'innombrables pointes acérées, sont les seules communications qui existent avec l'extérieur. Là le daïmio vit aussi isolé, aussi libre, aussi puissant et indépendant que dans ses domaines, car nul, pas même le taïcoun, ne peut pénétrer chez lui sans sa permission. C'est là que sont renfermés sa famille, ses nombreux serviteurs, ses troupes d'infanterie, de cavalerie, d'artillerie ; il y a des champs de tir et de manœuvres pour les exercer ; c'est là seulement qu'il lui est permis d'être homme, époux, père, car il ne peut jamais en sortir qu'avec une nombreuse escorte et tout l'apparat de sa puissance quasi royale.

Palais du taïcoun.

L'entrée de la troisième ville, celle qui renferme le palais du taïcoun, est interdite au public. Les ministres quand ils sont en service, les daïmios quand ils font leurs visites officielles, les ministres étrangers quand ils ont audience, peuvent seuls en franchir le seuil. Dans l'intérieur sont les salles affectées au gorogio et aux besoins du service des hauts fonctionnaires du gouvernement. Dans une partie réservée s'élèvent les demeures du taïcoun, de sa famille, de ses officiers, le tout construit comme les palais des daïmios, et ne s'en distinguant que par des dimensions plus considérables.

Temple d'Asaksa.

Dans la partie nord-ouest des faubourgs se trouve le temple d'Asaksa, construit en bois comme toute la ville. On remarque d'abord ses grandes proportions, ses sculptures élégantes, ses idoles, qui m'ont paru avoir beaucoup de rapport avec celles que j'avais vues en Chine, dans les temples des tao-ssé. Tout autour du temple sont disposées des maisonnettes représentant, par leurs dimensions, les constructions éphémères qu'on élève pour nos foires des villes de province ou pour les grandes fêtes de Paris. On trouve là toutes les marchandises de peu de valeur à la portée des petites bourses, des tirs à l'arc avec des flèches inoffensives, des ménageries où sont réunis les animaux rares du pays; des maisons à thé, où de charmantes jeunes filles vous versent, en abondance, cette boisson chaude, délice des Orientaux et que savourent aussi, en Europe, tous ceux qui sont atteints d'anglomanie.

Fleurs.

Dans ces lieux de plaisirs populaires, les magasins et jardins des fleuristes attirèrent surtout mon attention. On y voyait une quantité de plantes donnant des fleurs très-belles, dont quelques-unes étaient déjà épanouies, malgré l'époque encore peu avancée de l'année. Je ne fus pas longtemps sans m'apercevoir que les Japonais connaissent les serres et tous les moyens en usage chez nous pour hâter la végétation ou préserver les plantes de l'intempérie des saisons. La flore de leurs jardins me parut assez nombreuse. Chaque pays a ses habitudes, ses goûts, ses manies, souvent ses excentricités. Nous aimons à voir, dans nos jardins, des arbustes jeunes, vigoureux, d'une belle venue, ayant l'aspect d'une bonne santé ; au Japon, le sublime de l'art de l'horticulteur consiste, au contraire, à faire pousser, sur un vieux tronc d'arbre, trois ou quatre fois centenaire, qu'on coupe au ras du sol, une tige unique, parasite implanté par la greffe, qui absorbe, à lui seul, toute la séve du mutilé. On courbe cette tige en replis capricieux ; bientôt elle se couvre de nombreuses fleurs doubles, d'une dimension extraordinaire. Plus le tronc est gros et vieux, et j'en ai vu qui ont plus de 1 mètre de diamètre, plus le talent de l'horticulteur est apprécié. Ce tour de force donne un résultat original ; il n'a d'autre mérite, à mes yeux, que d'avoir vaincu une grande difficulté.

Police de la ville.

La police de la ville est très-bien organisée; tous les 300 mètres environ, on rencontre, dans les rues, des portes à claire-voie, auprès de chacune desquelles est établi un poste de gardiens, remplissant des fonctions analogues à celles de nos sergents de ville. Quand nous nous promenions dans la ville, nous étions toujours précédés de deux de ces gardiens armés de longues cannes en fer à la tête desquelles sont suspendus de larges anneaux de même métal. A chaque pas, ces gardiens frappent le sol avec leurs cannes, comme le font les suisses de nos cathédrales, avec leurs hallebardes, pendant les cérémonies religieuses. Le bruit produit par les anneaux, dans cette manœuvre, avertit la foule, qui s'ouvre respectueusement sur leur passage. Quand nous étions sur le point d'arriver à une nouvelle porte, deux autres gardiens venaient au-devant de nous, faisaient un grand salut aux premiers, dont ils prenaient le service, et qui s'en retournaient à leur poste. Ce système d'escorte, qui se pratiquait toutes les fois que nous allions à pied, ou qu'étant à cheval nos allures étaient modérées, se continuait pendant toute la traversée des faubourgs. Dans la ville noble, il n'y a ni portes successives ni gardiens.

Population d'Yédo. — Escortes des daïmios.

Dans toutes les rues des faubourgs, on trouve une population aussi compacte que celle qui circule sur les boulevards de Paris. La ville noble a des rues si larges, qu'elles ne sont pas encombrées; on y rencontre, à tous moments, des daïmios avec des escortes de 300 à 400 hommes. En

tête, un porte la lance et les étendards du prince, qui est
au centre du cortége, dans un kango ou morimon, sorte
de chaise étroite et incommode faite en bois recouvert de
laque et d'ornements en or ; puis marchent les chevaux
de bataille, caparaçonnés de soie et d'or, des hommes
portant des valises de toutes les formes, qui renferment des
papiers, des vêtements de rechange et autres objets à
l'usage du daïmio ; enfin vient la deuxième partie de la
troupe. Tous les hommes de l'escorte ont, sur leurs casaques, les armes de leurs maîtres, deux sabres à la ceinture, un fusil sur l'épaule ; ils marchent en bon ordre, sur
deux ou quatre de front ; leur aspect est très-martial.
D'après l'immense étendue d'Yédo et la foule considérable
qui circule dans ses rues, sa population doit être fort
nombreuse. M. Rhuterfort Alcock, ministre d'Angleterre,
qui, depuis plusieurs années, résidait dans cette capitale
qu'il parcourait chaque jour, à cheval, pensait qu'elle devait avoir 4 ou 5 millions d'habitants, au moins. Ce chiffre
ne paraît pas exagéré. Les maisons, il est vrai, n'ont
qu'un rez-de-chaussée ou, au plus, un étage ; mais le
Japonais a besoin de si peu de place pour lui, dans
sa demeure, qu'une habitation qui, en Europe, serait
exiguë pour quatre ou cinq personnes, suffirait au Japon pour quinze ou dix individus, qui s'y trouveraient fort
à leur aise. Ce peuple, dans sa vie intime, n'aime que les
petites choses, les petites jouissances ; les petites boîtes, à
l'usage des deux sexes, foisonnent partout ; elles sont
elles-mêmes divisées en tout petits compartiments. Quand
les consuls étrangers vinrent s'établir, pour la première
fois, à Hoko-hama, ils y trouvèrent des logements prépa-
rés par les soins de l'administration du pays. Ils se ré-
crièrent vivement sur l'exiguïté de ces demeures. Le fonctionnaire chargé de les installer fut tout étonné de ces

réclamations; il croyait avoir fait les choses avec une splendide magnificence. Voulant enfin convaincre un des réclamants de la pureté de ses intentions, il le conduisit dans sa propre demeure et lui fit voir que le logement qu'il occupait, lui fonctionnaire d'un rang élevé, était bien plus restreint que celui qu'il venait de mettre à la disposition de chacun de ses hôtes.

Incendies. — Pompiers.

Les constructions étant toutes en bois, les incendies sont très-fréquents. On a élevé, de distance en distance, des clochetons dans lesquels se tiennent des guetteurs chargés de donner l'alarme. Les pompes sont de suite amenées sur le lieu du sinistre; des pompiers très-bien organisés dirigent les opérations de la foule. La ville est sillonnée, en tous sens, par des cours d'eau; le feu, combattu avec une activité intelligente, peut rarement étendre au loin ses ravages. Quand il menace d'atteindre une maison voisine du foyer de l'incendie, des hommes désignés et organisés d'avance, à cet effet, l'envahissent, déménagent avec une prestesse sans égale, et portent en lieu sûr tout ce qu'elle renferme. Le propriétaire n'est pas même consulté et voit le vide se faire autour de lui. Cette opération eut lieu, il y a quelque temps, à la légation de France, qui, du reste, échappa aux flammes. Le danger passé, tout fut remis en place par les mêmes hommes dont la discipline et l'habileté sont telles, que pas un objet ne fut détérioré.

Mœurs.

Beaucoup de gens ont dit et écrit que l'immoralité, le

libertinage régnaient au Japon. Ces gens ont mal vu,
parce qu'ils ont mal étudié la question, ou ils sont de
mauvaise foi. Les mœurs de ce pays sont toutes différentes
des nôtres, mais de ce qu'on n'y a pas la même manière
de voir sur bien des choses, de ce qu'on n'y partage pas,
peut-être, tous nos préjugés, il n'est pas juste de con-
damner sans avoir bien vu et sans s'être rendu compte de
tout.

Bains publics communs aux deux sexes.

Ce que nous appelons le sentiment de la pudeur est
inconnu chez ce peuple ; les personnes des deux sexes sont
habituées à se rencontrer journellement dans les bains
publics ; il y a une grande piscine commune à tous ; chacun y fait ses ablutions comme il l'entend, sans s'occuper
de ce que fait son voisin, puis rentre chez lui en courant
sans se donner la peine de remettre ses vêtements qu'il
emporte sur son bras. Dans les villes où ont pénétré les
Européens, les bains publics existent toujours pour les
indigènes seulement, mais les femmes reprennent leurs
vêtements avant de rentrer chez elles, parce qu'on a voulu
éviter l'œil trop scrutateur des étrangers, qui ont cru pouvoir tout se permettre avec des créatures si peu voi-
lées. Il résulte de ces habitudes, vieilles comme l'empire,
que la jeune fille ne trouve aucun inconvénient, même
en présence de ses parents, la femme devant son mari, à
laisser voir ou toucher ce que nos femmes européennes
s'efforcent de cacher aux regards indiscrets, tout en prenant les dispositions les plus savantes que la coquetterie
puisse suggérer, même aux plus prudes, pour exciter nos
désirs. D'un autre côté, il est à peu près sans exemple,
au Japon, qu'une femme trompe son mari, ou qu'une

jeune fille fasse la connaissance d'un homme sans le consentement exprès de ses parents.

Quand quelqu'un, indigène ou étranger, veut avoir des relations intimes avec une jeune fille, sans se lier avec elle par le mariage, il s'adresse à ses parents. Si ceux-ci agréent sa proposition, la jeune fille vient s'installer chez lui, s'occupe du soin du ménage, des intérêts de la maison, tout comme si elle était la femme légitime, dont elle a pris toutes les allures, toutes les prérogatives ; seulement elle ne rase pas ses sourcils et ne teint pas ses dents en noir. Il est rare que ces femmes trompent l'homme avec lequel elles sont ainsi momentanément unies. Quand cette liaison est finie, elles rentrent sous le toit de la famille, qui ne leur a pas retiré son affection. Rien n'empêche qu'elles ne renouent une nouvelle connaissance dans les mêmes conditions, ou qu'elles ne contractent un mariage réel ; les Japonais n'ont aucun préjugé à cet égard..

Prostitution.

Dans toutes les nations, même les plus avancées en civilisation, il y a une plaie honteuse qui a, sans doute, sa raison d'être, puisqu'elle existe partout ; je veux parler de la prostitution. Par suite d'une pudeur qu'on conçoit jusqu'à un certain point, la loi est, presque partout, restée muette au sujet des nombreuses et malheureuses créatures qui alimentent ce vice, inhérent à toutes les sociétés. On laisse à des ordonnances de police locale, à peine connues, dépendant souvent du caprice d'employés subalternes, le soin de régler les conditions de leur existence, qui est devenue la source d'une véritable industrie dont tous les profits sont recueillis par des femmes cent fois plus méprisables que celles qui servent aux plaisirs du public. A Paris, à Londres, et dans une foule de capitales ou villes de moindre importance, on rencontre, dans tous les quartiers, des maisons de prostitution ; plus souvent encore la faim oblige à descendre dans la rue une foule de femmes qui vivent isolément de cette industrie. Ce spectacle, qui se représente périodiquement tous les soirs, est peu fait pour moraliser les jeunes générations aux yeux desquelles il est impossible d'en dérober l'existence, car il est partout logeant porte à porte avec la famille, sillonnant les rues dans toutes les directions.

Gankiro.

Au Japon que, dans notre outrecuidance européenne, nous considérons comme à peine civilisé, le gouvernement a osé faire ce qu'aucun n'a osé tenter chez nous. Auprès de chaque ville il existe un village qui en est complétement isolé par un large fossé ou par des murailles. Dans ce village, qu'à Hoko-hama on nomme Gankiro, sont réunies toutes les prêtresses du plaisir ; divisées en catégories correspondant aux fortunes diverses des membres de la société, elles habitent dans des maisons différentes. A la tête de cette administration, dont le gouvernement a pris la haute direction, est placé un noble à deux sabres, ayant sous ses ordres tout le personnel masculin et féminin nécessaire pour assurer l'exécution des règlements. Il réside dans la maison centrale, celle où sont les femmes de la première catégorie.

Théâtre. — Actrices.

Dans ces villages et dans la maison principale se trouve

un théâtre où de jeunes filles ayant moins de 15 ans remplissent tous les rôles. Ces artistes, recrutées parmi les enfants abandonnés ou ceux que leurs parents ne peuvent
pas nourrir, sont élevées avec un soin tout spécial et une
modestie qu'on ne se serait pas attendu à trouver dans
un lieu de cette nature. On leur apprend la lecture, la
danse, la musique ; d'autres connaissances plus utiles
leur sont aussi données. Tant qu'elles n'ont pas 15 ans,
elles vivent chastes et pures, au milieu de cette étrange
demeure, qui est devenue pour elles, une véritable maison d'asile. Quand elles ont leurs 15 ans, elles peuvent
faire le même métier que leurs compagnes, avec lesquelles
elles ont toujours vécu, ou être prises à gages par l'établissement, à titre de danseuses ou de musiciennes, ce
qui les exempte de tout autre service ; d'autres se marient.
Du reste, le Japonais n'hésite jamais, quand cela lui con-
vient, à prendre sa femme légitime, même parmi celles
qui sont employées aux plaisirs du public. Ces femmes
jouissent ensuite de la même considération que si elles
avaient été prises directement dans leurs familles.

L'ordre qui règne dans ces sortes de maisons n'est
jamais troublé ; à la moindre apparence de désordre, les
officiers directeurs prennent les mesures nécessaires pour
le réprimer, et cela avec l'urbanité ferme dont ils font
preuve en toute occasion.

A Yédo, d'après ce que nous disaient les officiers chargés de nous escorter, il y a une immense maison de cette
nature appelée Yoskivara, tenue avec un luxe extraordinaire. Là sont réunies les plus belles filles de l'empire ;
les fêtes, les spectacles qu'on y donne sont admirables.
Comme les étrangers ne sont pas admis à Yédo, où ne résident que les représentants des nations accréditées et les
personnes de leur suite, qui ne jouissent pas d'une

grande liberté d'allures, il n'a été possible à aucun Européen de vérifier ce qui précède.

Femmes mariées en punition.

Quand le gouvernement veut punir un de ses employés, il envoie sa femme passer quelque temps dans une de ces maisons. Le mari qui veut punir sa femme agit de même à son égard. Quand le temps de la punition officielle ou de la correction maritale est passé, ces femmes reprennent, dans le domicile conjugal, la place qu'elles y occupaient auparavant. Ce dernier trait fera comprendre aux plus incrédules que la prostitution ne ressemble en rien, au Japon, à ce qu'elle est chez nous et qu'elle n'y a aucun caractère dégradant.

Familles en partie de plaisir.

C'est encore dans ces maisons que le Japonais conduit sa famille, y compris ses filles, quand il veut se donner une journée de fête. Pour lui on représente une pièce sur le théâtre, on lui sert une collation ; des musiciennes qui chantent en s'accompagnant sur une guitare à trois cordes charment sos oreilles, tandis que ses yeux sont séduits par des danseuses qui, ainsi que cela a lieu dans la célèbre danse des abeilles, exécutée par les almées en Égypte, perdent, à chacune de leurs évolutions, une partie de leur costume. On doit se rappeler qu'en Algérie, dans les premiers temps de notre occupation, et avant que les règlements de notre chaste police ne s'en fussent mêlés, on jouait une farce appelée *garagausse*, qui était loin d'être une école de mœurs, et pourtant les mahomé-

tans, si jaloux de la vertu de leurs femmes, y amenaient
toute leur famille.

Maisons à thé.

A Yédo comme dans toutes les grandes villes et sur les
routes principales, il y a une quantité considérable de
maisons à thé. Ces établissements remplissent le rôle de
nos cafés, des caravansérais arabes et des hôtels. On y
trouve la nourriture et le coucher, qui, pour le Japonais,
est très-simple; il se contente d'une natte sur laquelle il
s'étend, ayant sa tête appuyée sur un petit escabeau en
buis qui lui sert d'oreiller. Cet escabeau est, dans les
riches maisons, fait avec un soin tout particulier, peint en
laque et couvert de dessins dorés. Il paraît qu'il est indispensable aux indigènes pour dormir, car, quand ils reposent, par hasard, sur un de nos lits, ils ont bien soin
de placer, sur notre oreiller dont ils dédaignent la molle
souplesse, leur morceau de bois dur et étroit; tant il est
vrai que les anciens proverbes ont quelque chose de bon :
on ne discute pas des goûts, ou tous les goûts sont dans
la nature. Le service de ces maisons à thé est toujours fait
par de jeunes filles à la mine souriante, qui s'empressent
auprès des voyageurs, viennent s'asseoir sur leurs genoux,
leur offrent une foule de douceurs, gâteaux, saki (1), sucre,
thé, petites oranges douces et parfumées, qu'elles pèlent
de leurs jolis doigts, non toutefois sans en croquer
quelques quartiers. Pendant le jour, les Européens sont
reçus dans les maisons à thé qui se trouvent à Hoko-ha-

(1) Le saki a beaucoup de rapport avec le semchou des Chinois,
c'est une sorte de liqueur alcoolique faite avec du riz, dans laquelle
on fait dissoudre du sucre et on infuse des plantes aromatiques.

mà, Kanagawa, et sur les routes voisines, mais aucun d'eux n'y passe la nuit. Comme toutes les autres filles japonaises, celles qui sont dans les maisons à thé ont des manières qui seraient regardées comme très-libres en Europe, et qui, au Japon, n'ont aucune portée, de sorte qu'il est impossible de rien conclure sur leur vertu, qu'aucun étranger n'a été en mesure de faire faillir.

Tagoyama ou hauteur de Bellevue.

Dans la partie sud des faubourgs, à 2 kilomètres de la mer et de la ville noble, s'élève une éminence de forme ellipsoïdale, au haut de laquelle on monte au moyen de deux escaliers : l'un en ligne droite et très-roide, l'autre d'un accès plus facile et contournant un peu la position. Affrontons la fatigue, montons cent cinquante marches au moins, nous serons récompensés de nos peines.

Au sommet se développe un plateau de 400 à 500 mètres de long sur 150 à 200 de large. De ce point, qu'en japonais on nomme Tagoyama, et que les Européens ont, à juste titre, surnommé Bellevue, le regard plane au loin sur l'immensité de la cité. A l'est, on aperçoit la rade avec ses cinq forts, formant autant d'îlots ; au nord, la ville noble, le palais du Taïcoun ; plus loin, dans la même direction, le temple d'Asaksa ; partout les palais des daïmios avec leurs vastes constructions, leurs champs de manœuvre, les clochetons dans lesquels les guetteurs veillent sur les incendies ; c'est de ce point qu'on peut se faire une idée exacte de cette capitale, la plus vaste, la plus peuplée de l'univers. Le haut du plateau est garni d'une foule de maisons à thé, où on trouve toutes les friandises qu'inventa l'art du pâtissier japonais. Ces gâteaux, servis par de jolies filles, en plein air, sur un monticule d'où on découvre le splendide panorama qui se déroule de toutes parts, font plus de plaisir que ceux qu'on va savourer dans les boutiques de Carême et de Félix.

Pendant la nuit du 13 au 14 mars 1860, il se passa un drame terrible sur ce plateau, destiné aux plaisirs. Prenons les choses d'un peu loin, cet épisode mérite qu'on s'y arrête.

Le prince de Mito.

Il y a une soixantaine d'années environ, dans la famille de Mito, une des trois qui ont le privilége de fournir les candidats au rang de taïcoun, naquit un prince qui, dès son enfance, se fit remarquer par l'originalité de son caractère. Sombre, réfléchi, taciturne, au lieu de prendre sa part des jeux bruyants de son âge, il fuyait la société de ses semblables, se livrait à une foule d'excentricités qui, en France, l'auraient fait passer pour un original, et partout ailleurs pour fou ou stupide. C'est dans cette dernière catégorie qu'on le rangea au Japon. Il parvint ainsi à se soustraire à l'attention du public, qui, habitué, dès l'enfance des personnages destinés au trône, à scruter toutes leurs actions, laissa tomber dans l'oubli cet enfant, qu'on considérait comme inhabile à gouverner un jour un peuple intelligent. Affranchi ainsi de toute surveillance gênante, le jeune Brutus japonais, retiré dans la solitude, put se livrer sans contrainte à l'étude. Doué d'un caractère ferme, persévérant, il avait compris de bonne heure, lui qui était né avec une soif insatiable d'instruction et une ambition indomptable, que, dans une nation où une aristocratie jalouse entoure le trône, il serait impitoyablement exclu du taïcounat si les daïmios pouvaient soupçonner sa haute intelligence et l'espoir qu'il nourrissait en secret d'arriver au pouvoir. Il se sentait capable de saisir d'une main ferme ce pouvoir, d'en faire une autocratie, après avoir sacrifié tout ce qui se trouverait sur son chemin. Pour arriver à son but, il fallait être réellement supérieur à ceux qu'il se proposait de combattre. Sa jeunesse et une partie de son âge mûr furent employées à s'instruire des usages des peuples d'Occident. Versé dans la connaissance de leurs langues, il avait compris la portée de leurs institutions et se tenait au courant des progrès de la civilisation. Les livres et les autres éléments nécessaires à ses études lui étaient fournis par quelques serviteurs affidés. Son projet, dit-on, consistait à amener les Européens au Japon, par un moyen quelconque, même par la guerre si cela était nécessaire, de se liguer avec eux et de se servir de leur appui pour substituer une dynastie d'empereurs réels et tout-puissants, dont il serait le premier, à la constitution oligarchique de son pays. Quand il jugea que son instruction était suffisante, il sortit de sa retraite, parut dans les assemblées de daïmios, où, sans laisser voir sa supériorité d'intelligence et d'instruction, il fit preuve d'une capacité ordinaire. La place de taïcoun devint vacante, il se mit sur les rangs; mais, contrairement à ses espérances, il vit nommer le taïcoun actuel, qui fut pris dans la famille Kiousiou, à laquelle appartenait déjà le taïcoun précédent. Or, bien que les suffrages puissent, ainsi que je l'ai déjà dit, se porter indistinctement sur les membres des trois familles, Owari, Mito, Kiousiou, il était contraire aux lois de l'État de prendre deux taïcouns de suite dans la même famille, afin d'éviter toute apparence d'hérédité.

Assassinat du gotaïro, 13 mars 1860.

Outré de se voir frustré des espérances de sa vie entière, il porta son ressentiment sur le gotaïro, surveillant officiel du taïcoun, qu'il soupçonnait d'avoir agi contre lui. Le 13 mars 1860, au moment où ce haut fonctionnaire, au milieu de son escorte, allait entrer dans le palais du taïcoun, il fut attaqué par une bande d'hommes portant les armes de la famille de Mito. Un combat terrible s'engagea autour de la chaise à porteurs du gotaïro, dont l'escorte tout entière fut massacrée; quant à lui, il fut littéralement haché à coups de sabre, dans sa chaise, qui fut coupée en morceaux. Un daïmio se rendait aussi au palais avec son escorte; il assista à cette bataille sans intervenir d'une façon quelconque. De tous les assaillants, cinq seulement restèrent debout et allèrent se réfugier à Bellevue, où ils passèrent une partie de la nuit en prières, au pied d'une statue colossale en bronze. Cent hommes, *sans armes,* furent envoyés par le taïcoun, avec ordre de ramener vivants ces cinq hommes, afin de pouvoir leur arracher, par la torture, l'aveu de la vérité. De prime abord, deux des meurtriers, ayant été surpris, furent garrottés; les trois autres, s'étant mis en défense, les cent hommes se pressèrent contre eux et ne parvinrent à s'en emparer qu'après avoir été réduits au nombre de douze. Ceci peut donner une idée de la manière dont les Japonais comprennent et exécutent les ordres qu'ils reçoivent.

Version du gouvernement japonais sur l'affaire du prince de Mito.

Le prince de Mito, qui, après cette affaire, s'était retiré

dans ses terres, y fut poursuivi, assiégé et tué dans un de ses châteaux. Telle est la version qui fut faite officiellement aux représentants étrangers par le gorogio. Le jeune prince de Mito, fils du précédent, lui succéda dans son titre de daïmio; il fut même élevé, par le mikado, à une dignité honorifique, qui, sans lui donner un accroissement de pouvoir, le plaçait, comme rang de préséance, entre le mikado et le taïcoun.

Version populaire.

Dans le peuple, il circule une version bien différente. On prétend que le vieux Mito, qui a un puissant parti, n'a pas été tué, qu'il réside dans ses terres, que c'est lui qui a été l'instigateur des dernières tentatives d'assassinat, notamment de la mort de M. Heusken. Il espère amener ainsi la guerre avec les puissances étrangères, qui enverraient une armée au Japon. Il ferait alors alliance avec les étrangers pour triompher de ses ennemis. Son premier acte serait de proclamer la liberté entière de circulation, pour tous les étrangers, dans les trois îles. Il est représenté aux yeux du peuple comme le chef du parti libéral, voulant substituer l'autorité d'un seul à celle d'une foule de petits seigneurs. Les Japonais pensent, avec une certaine apparence de raison, qu'ils auraient plus de liberté avec un empereur tout-puissant, voyant les choses de haut, qu'avec une foule de daïmios, qui, plus rapprochés des classes inférieures, leur font sentir plus immédiatement et plus lourdement leur autorité.

Princes hostiles aux étrangers.

Le gouvernement a souvent donné à entendre aux re-

présentants étrangers que les assassinats étaient commis
à l'instigation de daïmios qui nous sont hostiles; les principaux, qui représentent le vieux parti national, seraient
les princes de Satsouma et de Kaga; ils sont si puissants,
que l'autorité du taïcoun est insuffisante pour faire arrêter
et punir les malfaiteurs et lounines qu'ils prennent sous
leur protection.

Telles sont les diverses interprétations, parmi lesquelles
il est bien difficile de discerner la vérité, à cause du voile
dont s'entoure le gouvernement du Japon.

Légations étrangères à Yédo.

Les légations étaient toutes placées dans la partie sud
des faubourgs et dans des temples ou autres bâtiments
publics, mis par le gouvernement à la disposition des
agents diplomatiques.

Légation anglaise.

En arrivant de Hoko-hama, on trouve d'abord la légation anglaise; elle occupe une partie des bâtiments an-
nexés au temple de Todgengi, situé au fond d'un petit
vallon, qui, à quelques centaines de pas plus loin, débouche sur les bords de la baie. Un immense jardin, où
se trouvent des arbres magnifiques et d'espèces rares,
entoure les habitations, qui sont très-convenables. Une
longue et large habitation, par laquelle on arrive à la
légation, donne un air princier à cette résidence. Tout
auprès se trouve un cimetière de daïmios, dont les pierres
tumulaires, taillées sur des modèles presque uniformes,
rappellent l'architecture de la Grèce antique. L'ensemble
du cimetière est très-pittoresque.

Légation hollandaise.

Un peu plus loin, à mi-pente d'un coteau, se trouve la légation hollandaise.

Légation française.

En s'avançant encore vers la ville noble, on arrive à la légation française, qui est au haut d'une éminence très-prononcée, dans le temple de Saï-kaï-dji. Les bâtiments sont exigus, peu convenables ; mais une terrasse, de laquelle on découvre au loin la baie, les forts et une partie de la ville, compense largement les petits désagréments de l'habitation.

Illumination de la baie d'Yédo.

Le soir, surtout, on jouit d'un coup d'œil féerique. Les rues, qu'on domine d'une assez grande élévation, sont sillonnées d'innombrables lanternes ; au loin, la baie est illuminée par les falots de plusieurs milliers de barques de pêcheurs. Rien ne peut donner une idée de la beauté grandiose de ce spectacle. L'aspect de Paris, quand on y arrive de nuit par l'arc de triomphe de l'Étoile, surprend, à juste titre, les étrangers ; pourtant l'illumination produite par les milliers de becs de gaz qui inondent de leur lumière les Champs-Élysées, la place de la Concorde et jusqu'aux Tuileries, n'est rien en comparaison de ce qu'on découvre du haut de la terrasse de la légation française et de ces innombrables lumières qui s'étendent à l'infini en se reflétant dans les eaux de la baie.

Occupations à Yédo, bimbelotage.

L'emploi de notre temps à la légation française, où
M. de Bellecourt nous offrait une splendide et affectueuse
hospitalité, ne nous permettait pas de penser à l'ennui.

Dès le matin, l'hôtel était assiégé par une foule de mar-
chands, apportant tout ce que l'art japonais a produit de
plus remarquable ; on les autorisait à s'installer sur la
terrasse, et bientôt nos yeux éblouis voyaient s'étaler, de
toutes parts, des objets d'un prix infini qu'on ne trouve
qu'au Japon, et qu'au Japon on ne trouve qu'à Yédo.

Bronzes.

Ce sont des bronzes d'une antiquité fabuleuse, dont
quelques-uns ont été fondus à cire perdue, puis ciselés,
500 et 600 ans avant notre ère. Les dessins, exécutés avec
une habileté surprenante, sont d'un goût qui ne laisse
rien à désirer. On n'a pas cherché à vaincre la difficulté,
ainsi que cela arrive souvent dans les époques où l'art est
en décadence ; mais la difficulté, quand elle s'est présen-
tée, n'a jamais fait hésiter l'artiste, qui alors l'a vaincue
de toute la force de son talent.

Art japonais et art chinois.

Ce caractère de noble simplicité, de pureté de lignes,
de travail consciencieux, qu'on remarque partout dans les
belles et anciennes productions du Japon, les fait distinguer, à première vue, des œuvres de même nature qu'on
trouve en Chine. Dans ce dernier pays, on a compliqué
à plaisir ce qu'on y fait ; les produits de l'art sont surchar-

gés d'ornements, au milieu desquels fourmillent des figures d'hommes et d'animaux; les lignes se croisent, se coupent, se heurtent en tous sens dans les détours les plus capricieux, les plus fantasques; mais aussi combien les dessins laissent à désirer sous le point de vue de l'exécution, puis tous à peu près se ressemblent. Chez les Japonais, au contraire, on ne trouve presque jamais deux conceptions artistiques qui aient de l'analogie. Ici on sent l'étude savante de la nature; peu de vrais artistes, ayant chacun son originalité; tandis que là on ne voit que le faire de l'ouvrier, copiant et recopiant encore le même type, qui se retrouve partout, et cela à tel point, qu'on en est bientôt dégoûté.

Du reste, afin d'en finir une bonne fois sur cette question, les caractères des peuples comme ceux des individus se retrouvent dans leurs œuvres. Le Chinois, produit d'une civilisation épuisée, n'est plus qu'un routinier, souvent absurde, repoussant le progrès avec l'obstination d'un aveugle de naissance, qui ne peut pas même soupçonner ce qu'est la lumière; le Japonais, au contraire, noble, fier, conservant toute la séve de la jeunesse, aspire, par tous ses instincts, à arriver à la hauteur des autres peuples de l'univers. Le Chinois s'endort stupidement dans le souvenir de son passé. Le Japonais ne rêve qu'à l'avenir. Sur presque tous les bronzes antiques du Japon on retrouve les ornements simples et élégants de la Grèce antique; on peut pourtant avancer, avec certitude, que le Japon n'a pas copié les modèles de la Grèce; c'est même tout le contraire qui a eu lieu, car les empires de la Chine et du Japon, qui a reçu sa civilisation du premier, étaient déjà florissants : l'art y était porté au plus haut degré de sa splendeur, quand l'Europe entière était encore plongée dans la barbarie.

Ivoires sculptés.

Après les bronzes, viennent les ivoires sculptés depuis des centaines, des milliers d'années, ainsi qu'on peut s'en rendre compte à leur couleur inimitable de vétusté, que seul donne le temps, et aux dates qui y sont gravées. Ces ivoires représentent des groupes ayant depuis $0^m,04$ jusqu'à $0^m,10$ et $0^m,12$ de hauteur. Les personnages sont bien posés, l'expression de leur physionomie étudiée avec soin et généralement réussie d'une façon originale. La caricature, résultant d'une étude fixe et intelligente des travers humains, y est reproduite souvent sous des formes très-variées; presque jamais elle ne descend jusqu'au grotesque, qu'on remarque si souvent dans les dessins chinois. Ces groupes, qui, dans les usages locaux, servaient en guise de boutons pour retenir à la ceinture la pipe et la blague à tabac, ont été faits exclusivement pour les indigènes. Les étrangers en ont acheté beaucoup, qu'ils ont revendus, avec de gros bénéfices, aux amateurs de Shanghaï et de Hong-kong; la spéculation s'est aussi portée sur cette partie ; l'art ancien est devenu une industrie; on fabrique une quantité considérable de ces groupes aux boutons, auxquels on cherche, au moyen d'une couleur, à donner le cachet de l'antiquité ; mais l'œil un peu exercé de l'amateur ne se trompera jamais; pût-on même imiter la couleur du vieil ivoire, ce qui paraît bien difficile, on reconnaîtrait encore les anciens groupes à la perfection du travail.

Sabres.

Des sabres sont étalés sous nos yeux, ces armes sont

souvent d'un grand prix. Les Japonais n'hésitent pas à
les payer 1,000 et 1,600 francs la paire, quand ils sont
faits par un armurier en renom. Je dis la paire avec intention, parce que les beaux sabres marchent toujours
par paires, les nobles seuls étant armés de deux sabres,
l'un très-long et se maniant à deux mains, l'autre plus
petit. Les deux doivent avoir des ornements pareils. On
les place tous les deux à la ceinture, la poignée en avant
et à la portée de la main. Les hommes nobles tiennent
essentiellement à ce privilége, et ne paraissent jamais en
public sans cette marque distinctive de leur rang. Les
enfants nobles, dès qu'ils peuvent marcher, portent aussi
les deux sabres, non pas de simples joujoux comme nos
enfants, auxquels on donne, pour étrennes, des sabres de
bois ou de fer-blanc, mais de vrais sabres bien tranchants
et appropriés à leur taille. On ne peut quelquefois s'empêcher de sourire en voyant ces nobles moutards japonais, hauts à peine d'un mètre, se promener, ainsi accou-
trés, avec autant de gravité qu'un tambour-major faisant
tournoyer sa canne à la tête d'un régiment.

Lames des sabres.

Les lames sont en fer, le tranchant seul est en acier.
Dans les armes de prix, la ligne de soudure doit représen-
ter les dents d'une scie ; plus ces dents sont nombreuses
et aiguës, plus la lame est estimée. La soudure est faite
avec une habileté telle, que, sans les différences de couleur de l'acier et du fer, il serait impossible de reconnaître que la lame n'a pas été faite d'une seule pièce.

Grand sabre de combat.

Le grand sabre se manie à deux mains, c'est lui dont on se sert dans le combat. Les Japonais s'xercent à l'escrime de cette arme, qui exige de l'agilité et de la force; quelques-uns y excellent.

Petit sabre.

Le petit sabre est plus particulièrement destiné à achever l'ennemi terrassé, comme le poignard de merci; on l'introduit par les joints de l'armure.

Manière convenable de s'ouvrir le ventre.

C'est aussi avec le petit sabre qu'on s'ouvre le ventre. Pour que cette opération soit belle et honorable, il faut se faire deux incisions partant des aines, remontant jusqu'aux côtes et se croisant sur le nombril.

Fourreaux et gardes.

Les fourreaux sont en bois laqué ou recouvert de chagrin. Sur les poignées, en peau de requin, s'étend une sorte de filet fait avec des cordonnets de soie. Les gardes en fer, représentant les coquilles de nos anciennes épées de combat, sont couvertes de riches sculptures, souvent à jour et damasquinées d'or. Tous les autres détails sont exécutés avec un soin infini. Le tranchant, affilé comme un rasoir, est très-bien trempé, et entaille le fer aussi bien que le ferait un sabre damas.

Effet de ces sabres.

Les blessures faites par ces armes sont terribles, presque toujours mortelles. Dans les peintures et autres représentations de combats, on voit souvent des hommes coupés en deux. Il est possible que l'artiste ait un peu laissé courir son imagination, mais il est certain que ces armes sont fort redoutables. Le Japonais a le plus grand soin de son sabre ; sous peine de mort, il ne peut, en public, le faire sortir du fourreau que pour frapper un agresseur, ou pour se tuer lui-même. Cette loi est fort sage, elle évite les conflits sanglants, qui auraient souvent lieu entre des gens toujours armés, dont le caractère est fier et susceptible.

Duel.

Le duel n'est pourtant pas proscrit au Japon, seulement il faut qu'il y ait mort d'homme, sans cela les deux combattants auraient la tête tranchée. Cette loi est aussi d'une grande sagesse.

Si elle était adoptée en Europe, nous n'aurions pas tant de duels ridicules. On ne verrait pas, comme cela a lieu si souvent, deux hommes qu'on suppose avoir des sentiments d'honneur s'insulter grossièrement, en venir même jusqu'aux voies de fait, pour se rendre sur le terrain, s'envoyer deux balles inoffensives, ou faire quelques passes à l'épée et se contenter de quelques légères égratignures. Les journaux ont beau parler, dans leurs colonnes, de l'attitude martiale des deux nobles champions, le duc, le marquis, le gentilhomme, l'orateur, le journaliste qui ont reçu un soufflet, ne sont pas pour cela lavés de l'affront, qui restera incrusté sur leur joue, tant que vivra celui qui y a infligé ce stigmate du déshonneur. Vous autres, qui vous contentez d'une légère égratignure et qui osez encore porter dans les salons votre face que n'a pas lavée tout le sang de votre adversaire, adressez-vous à la justice, mais ne venez pas nous faire croire à une bravoure et à des sentiments chevaleresques qui ne firent jamais battre votre cœur. Vous n'iriez pas au bois de Boulogne ou à Vincennes faire vos parades ridicules, s'il fallait qu'un des deux adversaires restât sur le terrain ou que la hache du bourreau fît justice de ceux qui n'auraient pas eu assez de cœur pour pousser jusqu'au bout les conséquences de vos duels de comédie. Le duel est peu fréquent au Japon, mais, quand un homme croit qu'il doit se venger d'un autre homme, il s'ouvre le ventre devant la porte de son ennemi, qui est forcé d'en faire autant, sous peine de déshonneur.

Sabres français et japonais comparés; épreuves.

Un jour j'étais avec des yacounines, il me prit envie de comparer la puissance de pénétration de leurs sabres, maniés par eux, avec celle d'un sabre fait sur un modèle donné par le général Marey Monge, et dont j'avais été à même de reconnaître l'excellent effet utile. Ma proposition ayant été agréée, je fis apporter une planche de sapin, épaisse de 3 centimètres environ. Elle fut placée de champ, et un yacounine désigné par ses camarades, après avoir fait tournoyer en l'air son sabre à deux mains, frappa un coup de toutes ses forces. La lame pénétra à une profondeur de 3 centimètres. Je pris à mon tour le sabre du général et je frappai d'une seule main. L'entaille fut de 5 centimètres; la lame était si profondément engagée, qu'il fallut prendre des précautions pour ne pas la fausser en la retirant du bois. Les yacounines parurent très-étonnés, ils vinrent tous examiner cette lame, qui, beaucoup plus légère que la leur et mue par un seul bras, avait pénétré bien plus avant. L'expérience recommença, le résultat fut toujours le même. Un yacounine me demanda si mon sabre pourrait couper, aussi bien que le sien, de la paille ou toute autre matière légère. Je lui répondis que les sabres français étaient faits pour tuer des hommes et non pour couper de la paille. Cette réponse sentait, je l'avoue, son gascon. Le yacounine, ne se tenant pas pour battu, fit apporter un parapluie du pays, qu'il plaça sur un morceau de bois. Il frappa avec son arme, le parapluie fut coupé presque totalement ; cependant les deux morceaux ne furent pas séparés. Mon sabre n'était pas affilé, tandis que celui de mon adversaire l'était parfaitement. Je sentais que je lui devais une revanche, je frappai de mon mieux, et les deux morceaux du parapluie furent si bien séparés, que mon sabre fit encore une profonde entaille dans le bois qui servait de support. Cette fois, la question était vidée à fond.

La cause de ces résultats est la suivante : le sabre du général Marey Monge a le tranchant beaucoup moins obtus que le sabre japonais, et le poids de l'arme est réparti d'une façon plus convenable pour obtenir un grand effet utile.

Passion du bimbelotage.

Au milieu de toutes ces belles choses et d'une foule d'autres qu'il serait trop long d'énumérer, nous passions notre matinée, achetant par-ci par-là, regrettant de n'avoir pas assez d'argent pour tout acheter, tout emporter. Le bimbelotage, comme nous appelions notre occupation du matin, devient bientôt une passion qui vide lestement les poches, mais dont il reste un souvenir agréable, quand on est rentré dans ses foyers. Après le déjeuner, qui se faisait tantôt à la légation de France, tantôt à celle d'Angleterre, car les représentants des deux nations restaient parfaitement unis, on montait à cheval, on parcourait quelque partie de la ville encore non explorée. Chacun passait ensuite la soirée chez soi, car l'exemple, encore récent, de M. Huisken faisait comprendre qu'il n'était pas très-prudent de s'aventurer dans les rues à une heure avancée.

Audience solennelle au gorogio.

La rentrée des représentants de France et d'Angleterre à Yédo fut suivie, quelque temps après, d'une audience solennelle accordée par le conseil des ministres ou gorogio.

Le 13 mars 1861, premier anniversaire de l'assassinat du gotaïro, les deux représentants européens réunis à la légation de France en partirent à midi avec une escorte d'honneur prise dans la garde du taïcoun. Tous deux à cheval, précédés seulement d'une petite avant-garde destinée à fendre la foule pressée sur leur passage, marchaient en avant du personnel des légations, auquel j'avais été engagé à me joindre. Vers 2 heures nous mettions pied à terre dans le palais du taïcoun.

Après avoir traversé plusieurs salles dans lesquelles se tenaient respectueusement à genoux les nombreux officiers de service, nous arrivâmes dans une salle plus spacieuse où étaient réunis les ministres. Trois d'entre eux

étaient assis devant une grande table ; le surveillant officiel, chargé de rendre compte au taïcoun, était devant
une autre table plus petite et isolée.

Les trois ministres et le surveillant se levèrent à notre
approche, s'avancèrent vers nous et nous saluèrent à la
mode du pays, par une profonde inclination, le buste
devenant, dans cette position, presque horizontal, tandis
que les bras pendent jusqu'à terre. Nous leur rendîmes le
salut à l'européenne et prîmes place à une grande table
qui était à droite de la salle, en face de celle des ministres.
Devant chacune des personnes présentes à l'audience, on
avait mis des pipes, du tabac, un réchaud contenant des
charbons incandescents et tout ce qui est nécessaire à
l'art du fumeur. Au Japon, on fume pendant les opérations les plus sérieuses ; toutes les quatre ou cinq minutes
on charge sa pipe, qui est très-petite, on l'allume, et,
après avoir tiré trois ou quatre bouffées au plus, on la
secoue dans un petit vase placé, à cet effet, à la portée
du fumeur. Cette manœuvre, en quelque sorte pério-
dique, se fait presque machinalement. Tous les appartements que nous avions traversés étaient dénués
d'ameublement, les planchers étaient recouverts de nattes
très-fines d'une blancheur éblouissante, les parois, le
plafond se faisaient remarquer par le travail simple, mais
parfaitement exécuté, des boiseries qui le composaient.
Entre les deux tables se tenait à genoux un Japonais
parlant le hollandais. Chaque légation a un interprète
hollandais qui traduit, dans cette langue, les dépêches et demandes destinées au gouvernement japonais.
Celui de la légation française s'appelait M. Veuve. L'interprète indigène traduit, à son tour, en japonais.
C'est la seule manière actuellement en usage pour s'entendre, aucun Européen ne connaissant assez bien le ja-

ponais pour traduire correctement sa pensée dans des affaires où il faut savoir apprécier chaque expression à sa juste valeur.

Le gorogio demande à envoyer une ambassade en France et en Angleterre.

On régla d'abord quelques mesures de police à prendre pour la sécurité des Européens, les ministres nous firent ensuite une communication importante. Le gouvernement désirait envoyer une ambassade en France et en Angleterre, et, comme il ne possédait pas de vaisseaux en état de faire une aussi longue traversée, il demandait si ces deux puissances pourraient s'entendre pour amener les ambassadeurs en Europe, puis les rapatrier. Cette communication fut agréée par les Européens. Elle avait une importance toute particulière; on a vu, en effet, que, d'après les lois en vigueur, aucun Japonais ne peut aller à l'étranger. Une seule fois le gouvernement avait manqué à cette loi fondamentale; après l'apparition du commodore Perry sur les côtes de l'empire, une ambassade était allée en Amérique; cette démarche était loin d'être facultative, l'intimidation y était pour beaucoup, tandis qu'avec nous c'était le gouvernement qui nous demandait une faveur.

Les ministres firent ensuite beaucoup de questions sur l'Europe, sur nos mœurs, nos institutions; ils prouvèrent qu'ils n'étaient nullement étrangers à ce qui nous concerne. Ils demandèrent si, dans les ports de France ou d'Angleterre, ils pourraient acheter ou faire construire des vaisseaux de guerre à vapeur. On leur répondit affirmativement, et, comme cela paraissait les surprendre, on

leur dit que la belle frégate russe, qui était en ce moment
dans les eaux du Japon, avait été construite à Bordeaux.

Repas à la japonaise.

Nous vîmes bientôt s'avancer une longue file de serviteurs ; chacun d'eux se plaça en face d'une des personnes
assises, lui fit une grande salutation et déposa devant elle
un plateau laqué sur lequel était tout ce qui est nécessaire
pour faire le thé ; après cela, la file des serviteurs se re-
tira et reparut apportant des assiettes, des couteaux, des
fourchettes pour les Européens, des bâtonnets pour les
indigènes. Le tout fut déposé avec le cérémonial indiqué
ci-dessus. Au bout d'un certain nombre de voyages,
chaque convive avait devant lui un repas complet. Nous
remarquâmes que, par une galanterie de bon goût, on
avait mis devant chacun de nous deux flacons, l'un contenant du vin d'Europe, l'autre du saki, liqueur qui
n'était pas mauvaise, mais qu'on trouva un peu trop su-
crée. Les mets, beaucoup moins compliqués qu'en Chine,
étaient bons ; ils se composaient de poissons, dont on
avait retiré avec soin les arêtes, et qu'on avait ensuite
farcis avec leur propre chair. Cette opération avait été
faite si habilement, que les poissons paraissaient intacts.
Des canards servis aussi tous entiers et accommodés en
galantine eurent un succès général. Le thé, au lieu d'être
servi, comme en Chine, dans de la porcelaine, l'est dans
des théières et tasses en bois laqué ; la composition qui
recouvre le bois à l'intérieur comme à l'extérieur n'est
pas détériorée par le contact de l'eau bouillante. Pendant
le repas, les ministres se levèrent et vinrent gracieusement nous engager à faire honneur à leur hospitalité,

surtout à leur saki. La journée était déjà avancée quand nous regagnâmes nos domiciles.

Exercice du canon.

Presque tous les jours, j'assistais, du haut de la terrasse, à l'exercice du tir, fait par les artilleurs des forts. Comme il est d'usage dans notre marine, des bouées servaient de cibles ; les coups, que j'observais avec une excellente lunette, étaient bien dirigés.

Manœuvres, exercices à feu.

J'aurais bien voulu voir une réunion de troupes indigènes qui, dit-on, manœuvrent habilement à l'européenne, mais la chose n'était pas facile. Les curieux sont peu aimés dans le pays, les tentatives les mieux combinées viennent se briser invariablement devant l'inflexible rigidité avec laquelle le yacounine, qui ne nous quittait pas un seul instant à Yédo, dès que nous avions franchi l'enceinte de la légation, exécute sa consigne. Il est toujours si poli, si déférent, qu'on n'a pas même l'idée de lui résister, car on sait qu'on l'exposerait aux plus terribles châtiments. Non loin de nous se trouvait le palais du prince de Satsoûma, qui passe pour être le plus puissant de l'empire ; il faisait souvent manœuvrer ses troupes, qui comprenaient toutes les armes ; j'entendais alors des feux de deux rangs, exécutés avec une grande régularité et entremêlés de coups de canon tirés à intervalles égaux. Les feux de l'infanterie étaient si bien nourris, les coups de canon si rapprochés, qu'il devait y avoir des troupes très-nombreuses. Quelquefois ces feux duraient pendant une heure sans interruption.

Armement des troupes.

Les fantassins étaient armés de fusils à percussion ou de carabines à tige; les premiers ont été faits sur des modèles donnés par les Hollandais, les autres sur un modèle donné, il y avait quelques années, par l'amiral Guérin, je crois. Ces armes, les dernières surtout, sont exécutées avec une précision telle, qu'on aurait cru qu'elles sortaient de nos fabriques; le travail du fer et du bois a même un fini plus grand que chez nous. A la douane de Hoko-hama, j'ai aperçu deux pièces de campagne placées derrière une toile assez transparente pour me permettre de m'assurer que la forme de leurs affûts se rapprochait beaucoup de celle des nôtres. M. de Bellecourt devait offrir au gouvernement deux canons rayés, le bateau de commerce sur lequel ils étaient n'avait pas encore paru; les Japonais demandaient constamment des nouvelles de ces pièces, dont la réputation était arrivée jusqu'à eux et qu'ils étaient impatients d'imiter. Sans doute les Américains leur auront vendu des modèles de pièces rayées, car j'ai entendu dire que les daïmios en avaient déjà.

Bateaux à vapeur.

Pendant mon séjour, le gouvernement a acheté à des négociants américains et anglais des bateaux à vapeur, dont l'équipage, officiers, mécaniciens, matelots, a été remplacé par des Japonais, déjà assez avancés dans l'étude des sciences exactes pour diriger convenablement

8

ces puissantes machines. Ceci, joint à la demande faite le 13 mars par les ministres et à la construction de l'usine de Nagazaki, prouve qu'on pense sérieusement à créer une marine à vapeur. On sait que le pays fournit toutes les ressources nécessaires pour la construire et l'alimenter.

Chevaux, bétos.

Il y a, au Japon, de nombreux chevaux qu'on emploie comme monture ou pour porter le bât. Ils sont d'une petite taille et fort communs. 1 200 de ces animaux furent employés au service de notre artillerie de Chine, ils furent facilement dressés à traîner nos pièces et rendirent d'utiles services. Ceux qu'on affecta à la cavalerie furent trouvés médiocres, ils étaient lourds et peu maniables. Les yacounines, qui nous escortaient, avaient des chevaux très-supérieurs à ceux que les négociants, chargés de faire des achats pour notre armée, nous avaient expédiés. Sans être plus grands, ils avaient de la race et ressemblaient aux petits chevaux qu'on emploie dans les Pyrénées. Les hommes qui soignent les chevaux forment une corporation à part, on les appelle *bétos*. Les nobles seuls ayant le privilége de monter à cheval, le béto suit à pied son maître ; quelle que soit l'allure qu'il donne à sa monture, il est toujours à sa hauteur, souvent même le dépasse. Quand le cavalier arrive au but de sa course, il y trouve son béto, qui lui tient l'étrier et s'empare de sa monture. Le béto représente notre ancien coureur; si les allures deviennent très-rapides, il quitte ses vêtements les uns après les autres, les met sur son bras; son corps est tellement couvert de tatouages, qu'on s'aperçoit à peine de sa nudité. Ces tatouages sont faits avec un soin infini, on y emploie les couleurs bleue, rose et noire; ils représentent des figures de femme de demi-grandeur naturelle, des fleurs, de riches étoffes. Cette profession s'exerce de père en fils ; les bétos sont généralement des hommes très-bien faits, ils mettent beaucoup d'amour-propre à bien remplir leur profession.

Routes.

Les routes sont tracées avec intelligence, larges, mac-adamisées et bordées d'arbres d'une magnifique venue. Aux environs d'Yédo et de Hoko-hama, les campagnes sont si peuplées, qu'on voyage presque toujours au milieu de villages ayant plusieurs kilomètres de longueur. On rencontre, à chaque pas, des maisons à thé où on donne à des prix très-modérés ce qui est nécessaire pour la nour-riture des hommes et des chevaux.

Arbres.

La végétation est luxuriante, partout on trouve des arbres d'une magnifique venue. Les arbres d'essences ré-sineuses dominent, les bois durs sont rares. Nul ne peut couper un arbre sans la permission de l'autorité et sans le faire remplacer de suite par de jeunes plantations.

Mines d'or et d'argent.

Il y a des mines d'or et d'argent, les premières sont très-riches. Les deux principales mines sont dans l'île de Kina-kassou, au nord-est de Nipon, à la hauteur de la province de Moutsen ou Aussion, la seconde dans un îlot situé au sud de l'île d'Hirado et au nord de Kiousiou. On pourrait extraire de ces mines une grande quantité de métal, mais le gouvernement, qui a le monopole de ces richesses, en règle l'exploitation de façon à réserver leur part aux générations à venir.

Terrain compris entre Hoko-hama et Yédo.

De Hoko-hama à Yédo il y a 28 kilomètres ; à 4 kilomètres du premier point, on rencontre Kana-gawa où passe la route venant du Fuzi-hama et de l'intérieur de l'empire. Cette partie de la route est assez accidentée. En sortant de l'îlot artificiel dans lequel est placée Hokohama, on gravit une côte très-roide, on traverse ensuite de longues chaussées établies sur des bras de mer qui s'étendent au loin dans les terres. Afin d'empêcher les vagues de démolir ces chaussées, qui sont construites sur pilotis, on les a bordées, de chaque côté, de deux rangées de pieux en bois, contre lesquels vient se briser l'effet de la mer.

A partir de Kana-gawa, qui, ainsi que je l'ai dit, est protégé par un fort bâti sur pilotis, la route est toujours en plaine et presque en ligne droite ; elle traverse de nombreux villages et quelques ruisseaux de peu d'importance, sur lesquels il y a des ponts en bois.

Kawazaki.

La seule rivière qu'on rencontre est celle de Tamagawa, qui a 40 mètres de largeur et 3 mètres de profondeur ; elle passe dans la partie nord de la ville de Kawazaki, située à 14 kilomètres d'Yédo ; on la traverse sur de grandes barques plates. Il serait très-facile d'y établir un

pont de chevalets, on trouverait dans la ville tous les matériaux nécessaires.

Temple de Kawazaki.

A droite, auprès de la ville et du côté de la mer, s'élève
un temple célèbre appelé aussi Kawazaki. Il est tout en
bois, très-élevé et établi dans de grandes proportions.
L'intérieur est richement orné. Quand nous allâmes le
visiter, les bonzes étaient en train d'officier. Leur costume a beaucoup de rapport avec celui de nos évêques,
les cérémonies rappellent celles de notre religion. Nous
remarquâmes qu'à tous moments ils joignent les mains et
les élèvent, exactement comme font nos prêtres pendant
le saint office. Dans la cour du temple, il y a de grands
bassins en pierre, remplis d'une eau légèrement sulfu-
reuse, qu'on dit être très-efficace pour la guérison des
maladies de peau, fort fréquentes au Japon.

Mendiants, ordre mendiant.

Aux environs du temple, on rencontre quelques individus estropiés ou couverts de plaies, qui viennent demander aux eaux de Kawazaki un soulagement à leurs
maux et qui tendent la main aux passants. Ces mendiants,
ainsi que quelques autres qu'on voit à Yédo sur des points
déterminés et principalement sur les ponts, comme cela
a lieu pour nos aveugles encore tolérés à Paris, sont les
seuls que j'aie rencontrés au Japon. Je ne parle pas, bien
entendu, d'un certain ordre de quêteurs qui, de père en
fils, ont le privilége de mendier et ne peuvent exercer
d'autre profession. Ils vont demandant de porte en porte

comme les capucins et autres religieux de même nature, qui sont si nombreux dans quelques États catholiques.

A partir de la rivière de Tamagawa, on ne rencontre plus aucun obstacle jusqu'à Yédo. J'ai insisté, avec intention, sur la description de cette route, parce que, dans le cas d'une guerre avec le Japon, on partirait de Hokohama et on marcherait sur Yédo. J'ai déjà fait connaître l'importance de ces villes sous le point de vue militaire. Si on était obligé d'attaquer Yédo, il serait indispensable de s'établir de suite sur la hauteur de Tagoyama ou Bellevue, point culminant qui est dans les faubourgs et d'où on peut diriger les opérations contre la ville noble et le palais du taïcoun.

Population du Japon.

D'après ce que nous avons pu recueillir de renseignements sur le Japon et d'après ce qu'il nous a été donné de voir par nous-mêmes, il est certain que le pays est extraordinairement peuplé. M. Siébold, savant hollandais, qui avait passé quarante ans à Désima avant que les nations européennes, autres que la sienne, fussent admises dans certains ports, fit plusieurs fois partie de la députation hollandaise, qui traversait par terre tout l'empire pour aller offrir au taïcoun, dans sa ville d'Yédo, le tribut de la colonie de Désima; il a fait un ouvrage des plus intéressants, dans lequel il dit que le Japon a plus de 80 millions d'habitants. Selon plusieurs personnes, ce chiffre est au-dessus de la réalité. On se demande, à première vue, comment il peut se faire qu'un pays qui n'a pas une superficie plus étendue que celle des îles de la Grande-Bretagne, royaume déjà si peuplé, puisse nourrir une population trois fois plus considérable, surtout quand on sait que, depuis plus de trois cents ans, il s'est séparé de tout le reste de l'univers, se privant ainsi des ressources que procure l'importation, pendant les années de mauvaises récoltes qu'il a dû subir, comme les autres parties du globe.

Ce résultat extraordinaire est dû à une excellente culture et à une administration sage, prévoyante et éclairée.

Culture.

Le terrain du Japon est très-accidenté ; il y a des cantons entiers, je dirai même des provinces, qui ne sont que des agglomérations de montagnes volcaniques amoncelées, en quelque sorte, les unes sur les autres, qui, dans beaucoup de pays, auraient été vouées à une stérilité éternelle.

Plaines irriguées.

Les plaines sont composées ou d'alluvions, ou des terres végétales, entraînées anciennement par les orages ; elles sont très-fertiles. Un système d'irrigation admirablement entendu, dont l'État a dû évidemment prendre l'initiative et la direction , à cause des travaux immenses d'utilité générale que seul il était assez puissant pour faire exécuter, distribue les eaux dans toutes les plaines. On peut dire, sans exagération, qu'il n'y a pas un seul fleuve, un seul ruisseau qui portent leurs eaux jusqu'à la mer, sans que la culture n'ait prélevé un large tribut sur cet élément de richesse que, dans presque toutes les nations soi-disant avancées, on laisse, sans aucun profit, s'engloutir dans les flots de l'Océan. La Lombardie, que j'ai parcourue et qui passe pour être la contrée de l'Europe où on a le mieux entendu l'irrigation, n'a rien de comparable à ce qui a été fait au Japon, où il n'y a pas une parcelle de terrain, dans les plaines, qui ne puisse recevoir largement la quantité d'eau nécessaire pour la fertiliser.

Montagnes irriguées.

Malgré ce qu'on vient de voir, les plaines seules ne pourraient produire tout le grain nécessaire à la consommation, si ce peuple si ingénieux du Japon n'avait pas trouvé le moyen de cultiver le riz sur les plus hautes montagnes. Voici quel est son procédé :

Les montagnes ont été entaillées en larges tranches depuis le sommet jusqu'à la base, ce qui, ainsi que je l'ai déjà dit autre part, leur donne de loin l'aspect d'escaliers gigantesques. Ces tranches ne sont pas complétement horizontales, elles ont une légère pente allant alternativement de droite à gauche, puis de gauche à droite.

Désignons les tranches successives; en partant du sommet par A B C, etc., à droite des tranches se trouve le thalweg 1, à gauche le thalweg 2. On a établi, dans le thalweg 1, un barrage qui retient toutes les eaux pluviales provenant des parties de terrain se trouvant au-dessus ; le déversoir est placé de façon à irriguer la tranche A, qui est divisée elle-même en un certain nombre de plateaux horizontaux disposés, de la droite à la gauche, de façon que le deuxième plateau soit de 0ᵐ,50 environ plus bas que le premier, le troisième de 0ᵐ,50 plus bas que le deuxième, et ainsi de suite jusqu'à ce que la tranche A atteigne au thalweg 2. Dans ce thalweg, on a établi, à la hauteur de la tranche B, un

barrage qui reçoit les eaux pluviales provenant des terrains supérieurs ; celles qui, provenant du barrage supérieur du thalweg 1, sont en excédant, après avoir irrigué
tous les petits plateaux horizontaux et successifs de la
tranche supérieure A ; enfin les eaux qui, dans les orages
violents qu'il y a dans ces contrées, tomberaient inutile-
ment sur cette même tranche A. Ce barrage irrigue la
tranche B, qui, comme on le sait, est inclinée de gauche
à droite et divisée en petits plateaux successifs, ainsi que
la tranche A ; l'excédant de ses eaux va alimenter le
second barrage placé dans le thalweg 1, à la hauteur de la
tranche C, qu'il est, à son tour, chargé d'irriguer, et ainsi
de suite, jusqu'au bas de la montagne. On voit, ainsi,
qu'il n'arrive pas une seule goutte d'eau dans la plaine,
sans avoir déjà fertilisé tout le terrain supérieur.

Il faut ajouter qu'ici la terre est toute cultivée par la
main de l'homme, dont aucune machine, quelque puissante, quelque ingénieuse qu'elle soit, ne saurait remplacer le travail intelligent et productif. Nos jardins les mieux
entretenus le sont tout au plus aussi bien que les
champs des plaines et des montagnes du Japon, dont les
produits rémunèrent largement le colon des soins con-
stants qu'il leur donne.

Le riz est le principal produit, il forme la base de la
nourriture et est considéré comme l'élément premier de
la richesse. Quand on évalue le revenu d'un grand seigneur ou d'un particulier, on dit : il a tant de mesures de
riz, comme chez nous on dit : il a tant de 1000 livres de
rentes.

Administration.

Dans chaque ville, il y a des magasins publics, où sont contenus les produits excédant les besoins, dans les années d'abondance; ils servent à combler les déficit, en temps de disette. Cette précaution était indispensable, puisque le Japon ne pouvait, dans aucun cas, avoir recours aux ressources des pays étrangers, avec lesquels il s'était interdit lui-même toute communication.

Pêche.

Aux produits de l'agriculture il faut ajouter ceux que donne la pêche, dans les lacs et nombreux cours d'eau sillonnant les trois îles et sur leurs rivages, bien plus étendus que ceux des îles de la Grande-Bretagne. La mer intérieure, les côtes sont littéralement couvertes d'embarcations de pêche. Le poisson est abondant et d'excellente qualité ; il complète, avec le riz, le système de l'alimentation générale. On ne mange presque jamais de viande, et pourtant la race humaine est très-robuste ; peut-être même est-elle plus saine que celle de nos pays de l'Europe où la viande entre pour de fortes proportions dans l'alimentation. Nous savons déjà que le Japonais est petit ; pourtant, quand ces petits hommes se livrent à des travaux de force, on est tout étonné de voir les poids énormes qu'ils soulèvent et qu'ils transportent bien plus facilement que ne le font nos forts de la halle, ou ces portefaix colosses de Constantinople, qui sont ployés en deux sous la forte charge qu'ils transportent à pas lourds et en se soutenant avec un bâton, tandis que les portefaix japonais les emporteraient en trottant.

Bien-être des habitants.

Ce qui prouve, du reste, que ce pays est bien adminis-
tré, c'est que l'aisance, sinon la richesse, est répartie
sur la généralité de la nation. Les habitations les plus
humbles sont mieux entretenues que ces chalets, dans
lesquels les grands oisifs, les blasés des villes d'Europe
vont se délasser, en respirant l'air pur des montagnes.
La santé, la tranquillité douce de l'homme heureux et
sans ambition se lisent sur la figure de ces bons paysans
japonais. « *O fortunatos nimiùm, sua si bona nôrint!* »

Précis géographique sur l'empire du Japon.

Le Japon, y compris les îles de Gato, qui sont très-
près, à l'O. de Nagasaki, et qui font partie de l'empire,
pourrait être inscrit dans un carré dont les côtés, orien-
tés suivant les points cardinaux, auraient **1 148** kilomètres ou **287** lieues de long. Cet espace est compris
entre les degrés de latitude N. **31°-41° 20′**, et **126° 20′**,
139° 50′ de longitude.

Cartes dont se servent les Européens.

Les seules cartes que les Européens aient actuellement à leur disposition, pour guider leurs navires dans
ces mers à peine connues, ont été publiées à Londres,
sous le titre suivant :
*Japan, Nipon, Kiusiu and Sikock, and a part of the
coast of Coria, according to Krusenstem's chart of* **1827**.
Ces cartes, dressées d'après les renseignements de l'illustre
savant hollandais Siébold, et sur lesquelles on a placé les

points déterminés le plus exactement possible, en **1845**, par le navigateur E. Belcher, en **1855** par MM. Richards et Hill, enfin, en **1857**, par des marins russes, sont, ainsi que j'ai pu m'en assurer par moi-même, et par les itinéraires de divers capitaines de navire, loin d'avoir l'exactitude désirable.

Cartes japonaises.

J'ai trouvé, au Japon, une série de cartes exécutées par les indigènes. Elles indiquent qu'il y a, chez eux, des notions assez avancées de topographie. Il ne m'a pas été possible, vu le peu d'espace dans lequel il nous était permis de circuler, de vérifier, d'une manière complète, l'exactitude de ces travaux ; toutefois, je dois dire qu'ayant comparé les cartes de quelques ports, relevées avec soin par des Européens, avec celles que les indigènes ont dressées pour les mêmes localités, j'ai trouvé que ces dernières cartes étaient presque identiques avec les nôtres. J'ai donc été amené à conclure, d'après cette remarque, que, pour les parties sur lesquelles je n'avais pu faire aucune observation, il y avait lieu de considérer que les levers faits par les indigènes offraient une assez grande probabilité d'exactitude. Les cartes que j'ai rapportées et qui m'ont été, en partie, procurées par M. Bourret, négociant à Hoko-hama, jeune homme intelligent et studieux, comprennent

1° Des cartes d'ensemble de l'empire. La configuration générale du terrain représenté par ces cartes a beaucoup d'analogie avec celle que lui donnent les cartes publiées à Londres.

2° Un atlas des diverses provinces. Elles sont au nombre de **68**. Chacune d'elles a sa carte spéciale, sur laquelle sont représentés les cours d'eau, les montagnes, les routes, les ponts, les villes, les villages, les places fortes, les châteaux, les eaux thermales, les volcans en ignition, etc., etc.

3° Une carte routière dans laquelle on a aplati et allongé les trois îles de façon à former un ruban de plusieurs mètres de longueur, sur lequel sont tracés les cours d'eau, les villes principales, les montagnes les plus élevées, etc., etc., et sur laquelle sont indiquées les distances de ces divers points à Yédo.

4° Des plans d'Yédo, de Hoko-hama, qui sont très-bien levés et dessinés ; ils ne sont pas inférieurs aux plans de nos villes. J'ai pu vérifier par moi-même leur exactitude.

Difficulté pour avoir les noms des villes, provinces, etc.

Sur tous ces plans et cartes, les noms des divers points sont écrits avec des caractères chinois. Un sinologue pourra bien lire la signification des caractères, mais, comme il le dira en chinois, on n'en sera pas plus avancé. On sait toute la répugnance qu'éprouvent les Japonais à donner le moindre renseignement concernant leur pays ; on comprendra, dès lors, combien il était difficile de tirer parti des cartes que j'avais à ma disposition, puisque je ne pouvais pas obtenir les noms des diverses localités.

Méthode employée pour avoir quelques noms de localités.

M. Bourret, sans s'arrêter à des difficultés, avait, depuis quelque temps, commencé à se faire lire, par des hommes à son service, les noms les plus importants. Il était ainsi parvenu à connaître les noms des 68 provinces, des 537 cantons qui en sont les subdivisions, et de quelques villes, ports, montagnes, rivières ayant de l'importance. Il voulut bien me permettre de me servir de ces renseignements. Je continuai son œuvre, et, avec un peu de ruse, j'obtins la connaissance de bon nombre d'autres noms. Voici le système que j'employais. Je montrais mes cartes à un homme du peuple sachant lire l'écriture chinoise, ce qui n'est pas rare, car dans ce pays l'instruction des masses est bien plus avancée que chez nous. Je lui désignais un point dont je connaissais très-bien le nom ; il commençait toujours par me dire qu'il ne savait pas le lire. Je lui disais alors que j'avais voulu seulement m'assurer s'il était lettré et lui disais le nom ; je lui en disais plusieurs autres que je connaissais également ; il se piquait d'amour-propre, et me disait, à son tour, quelques noms que j'écrivais avec soin. Passant ainsi du connu à l'inconnu, le ramenant aux noms déjà dits, afin de m'assurer s'il ne me trompait pas, je parvenais, en ayant l'air de plaisanter, à obtenir quelques renseignements nouveaux.

Transformation des cartes japonaises en cartes dressées, d'après nos méthodes.

Afin de dresser, avec tous les éléments que j'avais recueillis, une carte ayant quelques probabilités d'exactitude et établie d'après les projections en usage chez nous, j'ai placé les points que nos navigateurs, très-rares encore, qui ont parcouru ces mers, ont déterminés d'une façon exacte. Ces points, qui sont tous au bord de la mer, ont formé un polygone, dans lequel j'ai inscrit les levers japonais, en conservant la forme des sinuosités des rivages. Ce premier travail exécuté, il n'y a eu aucune difficulté à placer les **68** provinces, dont la situation était à peu près indiquée sur la carte d'ensemble n° **1**, et se rapportant généralement aux configurations individuelles de chacune des provinces, comme je les avais dans l'atlas n° **2**. J'ai toujours trouvé que les chaînes de montagnes, les routes, etc., quand on rapprochait deux provinces limitrophes, se raccordaient avec une exactitude suffisante.

Valeur de la carte dressée d'après les renseignements japonais.

Ce travail long, minutieux, m'a demandé une attention soutenue. Je n'ai pas la prétention d'avoir dressé une carte d'une exactitude parfaite ; seulement les indications qu'elle donne sont probablement beaucoup plus près de la réalité que tout ce qui a été fait, jusqu'à ce jour, à ce sujet.

J'ai placé dans cette carte tous les lieux habités de quelque importance, villes, villages ; je n'ai les noms que d'un certain nombre d'entre eux, mais leur agglomération dans un canton, leur rareté dans un autre donnent une idée du rapport qui existe entre la population des diverses parties de l'empire.

Les cartes japonaises indiquent

68 provinces,

537 cantons,

21805 villes ou villages,

159 forts ou châteaux compris dans les chiffres ci-dessus.

Formation géologique du Japon.

Un coup d'œil jeté sur la carte d'ensemble que j'ai dressée suffit pour reconnaître quelle est la formation géologique des îles du Japon. Partout un terrain parsemé de mamelons, de montagnes aux sommets aigus, ou en forme de cône tronqué et contenant des traces d'anciens cratères; partout des coulées de lave, des lacs entourés d'une ceinture de hauteurs ; en un mot, tout le désordre qu'on rencontre dans un vaste pays produit par les déchirements et les convulsions volcaniques.

Fuzi-hama.

Parmi les volcans éteints, on remarque le Fuzi-hama ; son sommet a 3 795 mètres d'élévation au-dessus du niveau de la mer, dont il n'est éloigné que de 26 000 mètres. Sa forme, très-régulière, est celle d'un cône tronqué. Le diamètre du pan coupé, qui est à son sommet, où se trouve un profond cratère, est de 5 000 mètres ; sa largeur, à la base, est de 25 000 mètres. Les collines qui sont à ses pieds, les montagnes qu'on aperçoit dans les provinces environnantes, paraissent microscopiques auprès de ce vieux géant qui les domine, toutes, de son sommet couvert de neiges éternelles. Le Fuzi-hama est une des montagnes les plus remarquables du globe; d'autres sont plus élevées, mais leur base repose sur des plateaux qui sont déjà eux-mêmes à plusieurs milliers de mètres, au-dessus de la mer, tandis que tout le terrain qui environne le Fuzi-hama peut être considéré comme une plaine ondulée, d'où il s'éleva seul pour aller cacher sa tête dans les nuages. Les Japonais sont très-fiers de leur montagne qu'ils représentent, à tout propos, dans leurs paysages.

Volcans en ignition.

Les volcans en ignition indiqués sur les cartes japonaises sont les suivants :

Dans l'île de Kiousiou 3 volcans, qui sont :

L'un dans la province de Schiouga et le canton de Siogala ;

L'autre dans la province de Chiogo et le canton d'Asso ;

Le troisième dans la province de Bounyo et le canton d'Owaké.

Nipon contient deux volcans en ignition situés dans la province d'Itsigo et le canton de Gakouki. Leurs sommets ne sont éloignés l'un de l'autre que de 12 500 mètres ; ils ne sont qu'à 25 000 mètres de la mer, qui s'étend au nord du Japon et le sépare de la Corée.

Il existe encore deux autres volcans en activité, dans deux des îles de l'Archipel, désignés, sur les cartes anglaises, par le nom de Brisées ou Broken ; l'un est situé entre les 34e et 35e degrés de latitude et sous le méridien d'Yédo (137° long.), l'autre est un peu plus au nord, dans l'île nommée Vriès par nos navigateurs. Ces volcans amènent de nombreux tremblements de terre ; il y a des années où on en a compté jusqu'à 30 et plus.

Cours d'eau.

Les cours d'eau ont des parcours assez restreints, mais plusieurs ont un assez grand volume d'eau ; les principaux sont :

1° La rivière qui met en communication la mer avec

le lac d'Oumi. Sur les cartes anglaises cette rivière est nommée Ennagawa, et Kannon sur les cartes japonaises. Son embouchure est à Osaka. Le lac d'Oumi a 65 kilomètres de long sur 20 à 25 de large ; sa direction longitudinale est du N. N. E. au S. S. O.

2° La rivière d'Okawa, qui débouche dans la mer, après avoir traversé la partie est d'Yédo ; elle prend sa source dans la province de Moussassi ou Boussieu, dans laquelle est aussi la ville d'Yédo. Son cours a peu de longueur, pourtant elle est large et porte de grosses embarcations.

3° La rivière d'Oussigawa. Elle prend sa source dans la province de Simodzuké ou Yassiou et débouche à 6 kilomètres à l'est de l'Oukawa, après avoir traversé l'extrémité est des faubourgs d'Yédo.

4° Le fleuve de Kanaka prend sa source dans la province de Kodzuké ou Yaussiou ; après un cours de 200 kilomètres, il se jette dans l'océan Pacifique, par une très-large embouchure, entre les provinces de Schitachi ou Tsounessieu et Simo-ossa ou Sassieu. Sur sa rive gauche et près de la mer, sont les villes de Kassima, Ikié et Tanitab ; sur la rive droite, celle de Tagawa. Avant de se jeter dans le Pacifique, il recueille à gauche les eaux des lacs de Kascumioura et Nisioura ; sur la rive droite, celles d'une foule de lacs d'une moindre importance.

Les deux cours d'eau n° 3 et n° 4 offrent un phénomène rare en géographie. Le n° 3, Oussigawa, venant directement du nord au sud, rencontre à angle droit le n° 4. Kanaka, venant de l'ouest à l'est, après cette jonction qui ne donne lieu à aucune extension des lits de ces rivières, elles se séparent de nouveau, et l'Oussigawa, continuant sa marche vers le sud, va déboucher à 45 kilomètres plus loin dans la baie d'Yédo, tandis que le

Kanaka reprend sa course vers l'est et n'arrive qu'après 100 kilomètres dans le Pacifique. Ces rivières arrosent les provinces suivantes :

Moussassi ou Boussieu ;

Simo-ossa ou Sassieu ;

Schitachi ou Tsounessieu ;

Simodzuké ou Yassiou ; .

Kodzuké ou Yaussiou.

Elles y répandent leurs eaux au moyen d'une foule de canaux faits de main d'homme. La grande plaine que forment ces cinq provinces est d'une fertilité remarquable. Sa population est considérable, elle se subdivise en 66 cantons, contenant 894 villes ou villages, 20 forts ou châteaux ; de plus, la capitale Yédo, qui est dans le canton de Taussima, de la province de Moussassi.

5° La rivière de Koukeskawa, qui prend sa source dans le nord de la province de Sinano ou Chinchiau, coule directement du nord au sud, traverse la province de Totomi au Eïnsieu, et, après un cours de 160 kilomètres, débouche dans la mer et à l'est de la baie d'Araï.

6° La rivière de Tsoukawa. Elle prend sa source dans un lac du nord de la province de Moutsou ou Aussiou, coule du N. E. E. au S. O. O. Elle traverse la province d'Itsigo, parcourt 160 kilomètres, et, avant de se perdre dans la mer au nord du Japon, elle forme, avec plusieurs autres cours d'eau venant du nord, de l'est et du sud, un delta qui a 70 kilomètres de largeur sur 40 de profondeur.

Orographie.

L'étude des montagnes, ainsi que celle des directions principales des lignes de partage, se fait facilement sur les cartes japonaises, qui donnent non-seulement la position géographique de chaque mouvement de terrain, mais encore le profil de chaque groupe ou piton isolé. Il résulte de la comparaison de ces divers profils que le Fuzi-hama est beaucoup plus élevé que les autres montagnes dont aucune ne doit dépasser 2 000 à 2 500 mètres. Les groupes de montagnes les plus importants se trouvent :

1° Au nord de Nipon, entre les provinces de Moutsou ou Aussiou et Deva ou Assiou.

2° Au point de jonction des quatre provinces, Moutsou ou Aussiou, Itsigo, Simodzuké et Kodzuké. Ce groupe est le plus considérable de tous par son étendue, par le nombre et la hauteur des pitons escarpés qui le composent.

3° Au point de jonction des quatre provinces, Itsiu, Ida, Sinano et Itsigo. Le canton de Gokouki, appartenant à la dernière de ces provinces, n'est, à vrai dire, qu'un pâté de montagnes élevées, parmi lesquelles se trouvent, ainsi qu'on l'a vu précédemment, deux volcans en activité.

Les îles de Kiousiou et Sikock offrent aussi de hautes montagnes, mais elles n'y forment pas des massifs, comme ceux que j'ai indiqués dans l'île de Nipon.

Possibilité d'une guerre avec le Japon.

La position des étrangers au Japon est très-précaire. Les daïmios ont généralement vu avec peine tomber les barrières qui isolaient leur patrie du reste de l'univers. L'air de supériorité qu'ont voulu se donner quelques étrangers a soulevé, parmi la noblesse, des haines profondes, ranimées continuellement par la conduite incon-

sidérée des Européens et des Américains. L'ouverture
d'Yédo, qui aura lieu prochainement, peut amener des
conflits plus sérieux que ceux qui ont eu lieu jusqu'à ce
jour; il suffit qu'une troupe d'étourdis à cheval rencontre
une de ces escortes de daïmios qui sillonnent la ville en
tous sens, qu'ils renversent, dans leur course désordon-
née, un homme de la suite d'un prince hostile à nos intérêts ; les sabres sortiront du fourreau, le sang coulera,
les circonstances sont faciles à prévoir.

Les succès rapides que nous avons eus en Chine ont
fait croire à bien des gens qu'on aurait raison sans peine
de toutes les populations de l'Orient. C'est là une grande
erreur. Cherchons, dans l'histoire, des situations analogues, ouvrons le livre célèbre de Machiavel. Au quatrième chapitre du prince, nous trouvons des enseigne-
ments qu'on croirait faits pour la circonstance présente.

Facilités que la Chine offre pour la conquête.

La Chine, comme l'empire de Darius, ne comprend
que des populations depuis longtemps façonnées au joug
et obéissant aveuglément aux ordres émanant de leur capitale. La bataille d'Arbelles suffit pour détruire l'empire
de Darius et pour ouvrir les portes de toutes ses capitales
qui obéirent au nouveau maître comme à l'ancien. Une
seule armée vaincue et dispersée amena ce résultat. L'in-
vasion de quelques hordes tartares suffit aussi en Chine
pour soumettre une population de plus de 400 millions
d'habitants, et en 1860 quelques milliers d'Européens,
dans une campagne de quatre mois, après quelques rencontres avec les troupes tartares, virent ouvrir devant
eux les portes de la capitale de la Chine. Si cette petite

armée, au lieu d'être composée de deux nations différentes, n'avait eu que des Français ou des Anglais dans ses rangs, elle aurait peut-être poussé plus loin son ambition, et le résultat de la campagne, au lieu d'être un simple traité, aurait été la conquête définitive du plus grand empire de l'univers. Le Chinois, façonné au joug comme le Perse, aurait obéi aveuglément aux ordres émanant de Pé-king, si ces ordres avaient été donnés au nom de l'empereur Napoléon ou de la reine Victoria, comme ils avaient obéi aux ordres signés Hien-fung, et comme l'empire des Perses obéissait à ceux qu'Alexandre datait de Babylone.

Difficultés que présente le Japon pour la conquête.

Le Japon, au contraire, formé d'une foule de principautés gouvernées par des princes presque indépendants, dont plusieurs peuvent mettre sur pied des armées plus nombreuses que celles que toutes les puissances maritimes d'Europe réunies seraient à même d'envoyer à une aussi grande distance, ne saurait être soumis et vaincu dans une seule campagne et quelques batailles. On prendrait peut-être Yédo, on réduirait ses palais, ses maisons en cendre, sans obtenir, par ces exécutions barbares, d'autre résultat que d'avoir fait beaucoup de mal. Le taïcoun, les daïmios se retireraient dans leurs terres, où il faudrait aller les chercher, les combattre, les vaincre les uns après les autres. Les premières rencontres nous seraient probablement favorables ; mais les Japonais sont bien armés, leurs chefs sont braves, chevaleresques ; le sang européen arroserait abondamment les terres du Japon ; chaque marche en avant distrairait une partie de nos forces pour garder nos conquêtes, chaque nouvelle bataille éclairci-

rait nos rangs, et, après chacun de nos succès, nous pour-
rions dire comme Pyrrhus en Italie : Encore quelques
victoires comme celles que je viens de rencontrer, et je
n'aurai plus d'armée. Ce ne fut qu'après dix ans de luttes
et de nombreuses batailles gagnées que les légions ro-
maines commandées par César domptèrent les Gaules,
formées, comme le Japon, d'un grand nombre de principautés, de confédérations, qu'il fallut vaincre les unes
après les autres ; et nous-mêmes, ce n'est qu'après 30 ans
de combats que nous avons enfin soumis la Kabylie, où
il a fallu vaincre, une à une, chaque tribu ; et, pourtant,
Marseille, Toulon ne sont qu'à deux journées de l'Afrique,
où nous avons **60 000** combattants, où nous en avons
eu plus de **100 000**.

Bonnes relations à maintenir avec le Japon. Espérances
que donne l'ambassade envoyée en Europe.

Les exemples précédents font comprendre suffisamment combien la Chine et le Japon diffèrent, au point de
vue politique et militaire ; quelles sérieuses difficultés on
rencontrerait dans une guerre avec le dernier de ces empires. Nous devons espérer, en conséquence, que nos diplo-
plomates tâcheront de prévenir, d'éviter toute occasion de
conflit avec un peuple brave, intelligent, qui sera sensible
aux bons procédés. L'ambassade qui viendra bientôt en
France et en Angleterre (1) avancera plus nos affaires que
l'envoi d'une flotte et d'une armée à Yédo. Quand les ambassadeurs auront vu nos troupes si bien disciplinées, nos

(1) Ce récit fut écrit aussitôt après mon retour d'Orient ; l'ambassade japonaise qui visita l'Europe n'était alors qu'à l'état de
projet.

flottes, nos ports de mer, nos arsenaux, puis aussi nos usines, nos chemins de fer, les résultats immenses de notre industrie, ils comprendront tout ce qu'ils ont à gagner en restant nos amis. Peut-être aussi l'empressement que nous mettrons à leur montrer nos établissements militaires et civils, les facilités de toute nature que nous leur donnerons pour compléter leurs études sur l'Europe et pour se faire une juste idée de notre puissance, les feront-ils renoncer au système d'isolement qui est actuellement la base de leur politique, et au mystère dont s'entoure leur gouvernement à notre égard. Ces barrières une fois abaissées, rien n'empêchera plus notre civilisation d'entrer chez eux à pleines voiles. Si tels sont les résultats de l'ambassade japonaise, MM. Duchesne de Bellecourt et Rhutherford Alcock auront plus fait dans la séance qui eut lieu le 13 mars 1861 au gorogio, dans le palais d'Yédo, que ne fit avec son escadre américaine le commodore Perry.

Départ du Japon.

Depuis quatre mois j'avais quitté la Chine, je reçus l'ordre de rallier, à Shanghaï, les troupes françaises qui allaient rentrer en Europe. Le 11 mai, je m'embarquai sur le vapeur de guerre anglais *l'Encounter*, qui avait aussi à son bord M. Rhutherford Alcock, ministre d'Angleterre, forcé d'aller à Hong-kong pour s'y justifier des mesures de rigueur qu'il avait prises contre M. Moze.

M. Dew, capitaine de vaisseau, commandait *l'Encounter;* c'était un vrai gentleman, réunissant la haute courtoisie de l'Anglais à la gracieuse et bienveillante gaieté française ; il sut transformer la traversée en une partie de plaisir.

Les Japonais fortifient les passages de la mer intérieure.

Nous passâmes, encore une fois, par la mer intérieure. En deux points de l'île d'Awadzi, à l'est et au nord, on exécutait des travaux considérables de terrassement qui prenaient déjà toute la tournure de batteries destinées à défendre l'entrée des détroits resserrés par lesquels on est obligé de passer. Il est probable que les Japonais en feront autant dans les détroits de Simonosaki et d'Hirado, où quelques canons bien disposés feraient éprouver des pertes sérieuses à des escadres non cuirassées; quand je passai dans ces détroits en mai 1861, ils n'avaient pas encore entrepris ces travaux que tout faisait pressentir.

Je restai deux jours à Nagazaki; je fus étonné de l'activité avec laquelle on avait poussé les travaux de l'usine. Plusieurs corps de bâtiment, à peine ébauchés lors de mon arrivée au Japon, étaient terminés, et la fumée s'échappait par plusieurs cheminées élevées.

Le 21 mai 1861, j'arrivai à Shanghaï.

FIN.

TABLE DES MATIÈRES.

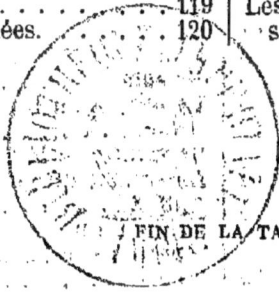

FIN DE LA TABLE.

Paris.—Imprimerie de madame veuve BOUCHARD-HUZARD, rue de l'Éperon, 5.—1868.

www.ingramcontent.com/pod-product-compliance
Lightning Source LLC
Chambersburg PA
CBHW051719090426
42738CB00010B/1988